JINRONG ZHICHI DUI ZHANLÜEXING XINXING CHANYE
JISHU CHUANGXIN DE YINGXIANG YANJIU

金融支持对战略性新兴产业技术创新的影响研究

徐敏　许晶荣　李进秋◎著

河海大学出版社
HOHAI UNIVERSITY PRESS
·南京·

图书在版编目(ＣＩＰ)数据

金融支持对战略性新兴产业技术创新的影响研究／徐敏,许晶荣,李进秋著. —南京：河海大学出版社，2023.7
　ISBN 978-7-5630-7991-9

Ⅰ. ①金… Ⅱ. ①徐… ②许… ③李… Ⅲ. ①金融支持－新兴产业－产业发展－研究－中国 Ⅳ. ①F269.2

中国版本图书馆 CIP 数据核字(2022)第 258492 号

书　　名	金融支持对战略性新兴产业技术创新的影响研究
书　　号	ISBN 978-7-5630-7991-9
责任编辑	杨　曦　沈　倩
特约校对	蒋乃玢　邱天杰
封面设计	徐娟娟
出版发行	河海大学出版社
地　　址	南京市西康路 1 号(邮编:210098)
电　　话	(025)83737852(总编室)　(025)83722833(营销部)
经　　销	江苏省新华发行集团有限公司
排　　版	南京布克文化发展有限公司
印　　刷	广东虎彩云印刷有限公司
开　　本	880 毫米×1230 毫米　1/32
印　　张	6.375
字　　数	179 千字
版　　次	2023 年 7 月第 1 版
印　　次	2023 年 7 月第 1 次印刷
定　　价	68.00 元

前言

《中国制造2025》规划提出要突出创新驱动,改造提升传统产业,在战略性新兴产业中开展创新设计示范。2016年,中共中央、国务院印发《国家创新驱动发展战略纲要》,提出"探索建立符合中国国情、适合科技创业企业发展的金融服务模式"。2020年9月,习近平总书记主持召开科学家座谈会时指出:"我国经济社会发展和民生改善比过去任何时候都更加需要科学技术解决方案,都更加需要增强创新这个第一动力。"战略性新兴产业作为国家创新驱动发展战略的主体之一,在提升我国科技创新能力和促进产业转型升级方面发挥着重要的作用。战略性新兴产业的培育和发展需要大量的资金投入,但在其发展过程中面临着金融供给总量不足、融资渠道单一等问题。习近平总书记在科学家座谈会上提出"要加大基础研究投入,首先是国家财政要加大投入力度,同时要引导企业和金融机构以适当形式加大支持"。为助力产业发展,国家重点支持创新型企业,促进其技术与市场融合、创新与产业对接,孵化和培育面向未来的新兴产业;同时,鼓励拓展战略性新兴产业的融资渠道。

在当前国家高度重视科技创新工作、着重强调促进制造业转型升级的背景下,金融支持作为创新型产业发展的重要支撑,其对战略性新兴产业的影响成为各界人士关注的焦点。

本书尝试研究我国不同所有制和不同地区战略性新兴产业内金融支持和技术创新效率的相关性和差异性,不仅完善了金融支持的研究内容,也从金融支持角度完善了战略性新兴产业技术创新效率的影响因素研究,有助于战略性新兴企业结合自身的产权属性和区位环境来充分认识金融支持对其技术创新效率的实际影响,以及时采取有效的应对措施。本书为国家逐步优化战略性新兴产业金融资源配置,促进战略性新兴产业的协调发展提出了针对性建议,并且提供了新的思路和依据。

本书梳理了国内外关于金融支持、技术创新、金融支持对战略性新兴产业技术创新影响等方面的文献,对战略性新兴产业、金融支持效率及技术创新效率等概念进行了界定,并阐述了技术创新理论、金融支持理论及资本配置理论,从理论上分析金融支持对战略性新兴产业技术创新的影响。

本书梳理了我国战略性新兴产业的发展现状、战略性新兴产业的金融支持及技术创新的现状;接着,分别对美国与德国的新能源产业、日本新能源汽车产业的融资机制、融资政策进行了比较分析和经验借鉴。

在理论研究和现状梳理的基础上,本书着重展开了对战略性新兴产业金融支持的实证分析。首先,本书对我国战略性新兴产业金融支持效率进行了评价,进而从整体、分所有制、分地区等不同角度进行讨论。其次,本书从整体、不同所有制及不同地区角度考察金融支持对战略性新兴产业技术创新效率的影响。最后,本书聚焦于高端装备制造产业,考察政府财政支持对其创新效率的整体影响以及区域性差异。最后一章是结论与建议。

关于战略性新兴产业的已有研究大多是从国家宏观层面或者从整个行业角度出发,而对区域战略性新兴产业金融支持方面的研究比较缺乏,对金融支持效率差异的实证研究更是阙如。本书的特点主要体现在:Meta-frontier 模型过去主要被运用来评价能源消耗与碳排放效率,本书首次将其引入对东中西部战略性新兴产业金融支持的效率评价,丰富了战略性新兴产业的金融支持理论。另外,目前针对战略性新兴产业金融支持与技术创新关系的相关研究尚不多见。本书探究金融支持对战略性新兴产业技术创新效率的影响机制以及影响效应，并从战略性新兴企业的所有制差异和地区差异出发，进一步比较分析了国有企业和非国有企业、东部和中西部地区企业金融支持对技术创新效率的影响，最后以我国高端装备制造业为例，展开了金融支持对其技术创新影响的实证研究。然而，由于时间与精力的局限性，本书还存在许多不足之处，需要在今后的研究中进一步展开，敬请各位专家与广大读者批评指正。

感谢河海大学产业经济研究所团队的小伙伴们，他们做了大量的支持工作。黄德春老师、华坚老师、张长征老师、贺正齐博士后提出大量高屋建瓴的建议，为本书的研究框架奠定了基础。硕士研究生徐九成、葛艳芳、于霞、陈媛参与了本书的部分实证研究，硕士研究生周婷婷、朱文静、韩铃、朱栎羽等参与了资料调研、数据收集，以及文献整理等部分基础性工作。

目录

1 绪论 ·· 001
　1.1 研究背景与研究意义 ·· 001
　　1.1.1 研究背景 ·· 001
　　1.1.2 研究意义 ·· 006
　1.2 国内外相关研究 ·· 007
　　1.2.1 关于金融支持的研究 ·· 007
　　1.2.2 关于技术创新的研究 ·· 010
　　1.2.3 金融支持对战略性新兴产业技术创新的影响研究
　　　　 ·· 016
　1.3 相关概念界定 ·· 019
　　1.3.1 战略性新兴产业 ·· 019
　　1.3.2 金融支持效率 ··· 020
　　1.3.3 技术创新效率 ··· 022
　1.4 本书框架与主要内容 ·· 023
　　1.4.1 本书框架 ·· 023
　　1.4.2 主要内容 ·· 023
　　1.4.3 主要创新点 ··· 026
2 理论基础 ·· 027
　2.1 主导产业理论 ·· 027

2.2　技术创新理论 ·············· 028
　　2.3　金融支持理论 ·············· 030
　　　　2.3.1　金融结构理论 ·············· 030
　　　　2.3.2　金融深化理论 ·············· 030
　　　　2.3.3　金融中介理论 ·············· 031
　　　　2.3.4　金融约束理论 ·············· 031
　　　　2.3.5　交互式金融支持理论 ·············· 032
　　2.4　产融结合理论 ·············· 032
　　　　2.4.1　金融与产业相互作用机制分析 ·············· 033
　　　　2.4.2　金融支持产业发展机理与要素分析 ·············· 034
　　2.5　投资与技术创新不可分割理论 ·············· 035
　　2.6　"流动性约束"理论 ·············· 036
　　2.7　市场失灵理论 ·············· 037
　　　　2.7.1　"信息不对称"与"柠檬市场" ·············· 037
　　　　2.7.2　研发活动的外部性 ·············· 039
　　　　2.7.3　协调失灵 ·············· 040
　　2.8　金融资源理论 ·············· 040
　　　　2.8.1　金融资源的含义 ·············· 040
　　　　2.8.2　金融资源的性质 ·············· 042
　　　　2.8.3　金融资源的功能 ·············· 042
　　2.9　资本配置理论 ·············· 043
　　　　2.9.1　资本与资本配置 ·············· 043
　　　　2.9.2　战略性新兴产业资本需求 ·············· 045
　　　　2.9.3　资本配置与战略性新兴产业发展 ·············· 046

3　**我国战略性新兴产业金融支持及技术创新现状分析** 048
　　3.1　我国战略性新兴产业现状分析 ·············· 048
　　　　3.1.1　产业结构现状 ·············· 048
　　　　3.1.2　产值现状 ·············· 050

    3.1.3 从业人员现状 …………………………………… 052
  3.2 我国战略性新兴产业金融支持现状分析 …………… 066
    3.2.1 金融扶持政策现状 ……………………………… 066
    3.2.2 投资总量 ………………………………………… 068
    3.2.3 融资方式 ………………………………………… 070
    3.2.4 融资结构 ………………………………………… 072
  3.3 我国战略性新兴产业技术创新现状分析 …………… 073
    3.3.1 技术创新投入不断加大 ………………………… 073
    3.3.2 技术创新产出持续扩大 ………………………… 074
  3.4 我国战略性新兴产业金融支持的环境因素 ………… 075
    3.4.1 工业发展水平方面 ……………………………… 075
    3.4.2 资源禀赋方面 …………………………………… 076
    3.4.3 金融中介发展水平方面 ………………………… 078
    3.4.4 对外开放度方面 ………………………………… 078
    3.4.5 企业所有制类型方面 …………………………… 079
  3.5 本章小结 ……………………………………………… 081
4 发达国家战略性新兴产业发展的经验借鉴 ……………… 082
  4.1 美国新能源产业的经验借鉴 ………………………… 082
    4.1.1 融资机制 ………………………………………… 082
    4.1.2 融资政策 ………………………………………… 085
  4.2 日本新能源汽车产业的经验借鉴 …………………… 087
    4.2.1 融资机制 ………………………………………… 087
    4.2.2 融资政策 ………………………………………… 091
  4.3 德国新能源产业的经验借鉴 ………………………… 093
    4.3.1 融资机制 ………………………………………… 093
    4.3.2 融资政策 ………………………………………… 095
5 我国战略性新兴产业金融支持效率评价 ………………… 098
  5.1 金融支持对战略性新兴产业发展的影响分析 ……… 098

        5.1.1 降低成本机制分析 ·· 099
        5.1.2 选择淘汰机制分析 ·· 100
    5.2 变量选取与数据来源 ·· 101
        5.2.1 模型选取 ·· 101
        5.2.2 变量选取 ·· 101
        5.2.3 数据来源与描述性统计 ····································· 102
    5.3 实证结果分析 ·· 104
        5.3.1 区域差异分析 ··· 104
        5.3.2 技术缺口比率分析 ·· 109
    5.4 本章小结 ·· 111

6 我国战略性新兴产业技术创新效率测度 ································ 113
    6.1 我国战略性新兴产业技术创新效率的影响因素 ·············· 113
        6.1.1 创新资源投入方面 ·· 113
        6.1.2 政府支持力度方面 ·· 114
        6.1.3 企业自主投入方面 ·· 114
        6.1.4 对外开放程度方面 ·· 115
        6.1.5 技术消化吸收方面 ·· 115
    6.2 测度方法 ·· 116
    6.3 数据来源与样本 ·· 117
    6.4 变量选取与数据描述 ·· 119
        6.4.1 变量选取 ·· 119
        6.4.2 变量描述性统计 ··· 120
    6.5 技术创新效率的测度结果分析 ···································· 121
        6.5.1 总体分析 ·· 122
        6.5.2 按所有制比较分析 ·· 123
        6.5.3 按地区比较分析 ··· 124
    6.6 本章小结 ·· 126

7 我国金融支持对战略性新兴产业技术创新效率影响的实证分析 ·········· 129
7.1 金融支持对战略性新兴产业技术创新效率的影响机理分析 ·········· 129
7.1.1 直接影响机理 ·········· 130
7.1.2 间接影响机理 ·········· 131
7.1.3 模型构建 ·········· 132
7.2 变量选取 ·········· 133
7.2.1 被解释变量 ·········· 133
7.2.2 核心解释变量 ·········· 134
7.2.3 控制变量 ·········· 135
7.3 数据来源与描述性统计 ·········· 137
7.3.1 数据来源 ·········· 137
7.3.2 变量描述性统计 ·········· 137
7.3.3 变量相关性分析 ·········· 141
7.4 实证结果分析 ·········· 142
7.4.1 总体分析 ·········· 142
7.4.2 分所有制分析 ·········· 145
7.4.3 分地区分析 ·········· 148
7.5 本章小结 ·········· 150

8 我国金融支持对高端装备制造业技术创新效率影响的实证分析 ·········· 152
8.1 理论基础 ·········· 152
8.2 模型构建与变量说明 ·········· 153
8.2.1 模型构建 ·········· 153
8.2.2 变量说明 ·········· 153
8.3 数据来源与描述性统计 ·········· 155
8.4 实证结果及其分析 ·········· 155

8.4.1　总体分析 ……………………………………… 155
　　　8.4.2　分地区分析 …………………………………… 157
　8.5　本章小结 ……………………………………………… 159
9　结论与建议 ………………………………………………… 162
　9.1　研究结论 ……………………………………………… 162
　9.2　政策建议 ……………………………………………… 165
附录　战略性新兴产业统计口径 ……………………………… 169
参考文献 ………………………………………………………… 170

表目录

表 1-1　2018年世界主要发达国家促进新兴产业发展政策 …… 002
表 3-1　2017年新一代信息技术产业数字经济总量排名前十的省(市) …………………………………………………… 057
表 3-2　2018年中国生物产业代表地区及其特点 …………… 059
表 3-3　新能源汽车补贴标准 ………………………………… 065
表 3-4　2010年以来我国战略性新兴产业扶持政策总结 …… 067
表 3-5　我国主要地区自然资源丰富度指数排序 …………… 077
表 3-6　2018年沪深两市战略性新兴产业上市公司行业分布情况 …………………………………………………………… 080
表 4-1　日本主要的政策性金融机构 ………………………… 088
表 4-2　日本新能源汽车畅销车型代表及金融方案 ………… 089
表 4-3　日本新能源汽车产业战略规划 ……………………… 090
表 5-1　投入、产出变量的描述性统计特征(2012Q1—2018Q4) …………………………………………………………… 103
表 5-2　各区域共同前沿生产函数金融支持效率 …………… 105
表 5-3　各区域群组前沿生产函数金融支持效率 …………… 107
表 5-4　两种前沿下中国金融支持效率差异的 Mann-Whitney 检验结果 ………………………………………………… 108
表 5-5　中国三大地区金融支持技术缺口比率(TGR)的统计描述及

　　　　差异性检验结果 …………………………………………… 109
表 6-1　样本产业分布 …………………………………………… 118
表 6-2　样本区域及性质分布 …………………………………… 119
表 6-3　战略性新兴产业上市公司技术创新效率指标体系 …… 120
表 6-4　投入、产出变量的描述性统计(2011—2018 年) ……… 121
表 7-1　变量及定义说明 ………………………………………… 136
表 7-2　样本总体变量描述性统计 ……………………………… 137
表 7-3　不同所有制样本企业变量描述性统计 ………………… 138
表 7-4　不同地区样本企业变量描述性统计 …………………… 140
表 7-5　变量的 Pearson 相关性检验 …………………………… 141
表 7-6　变量的 Spearman 相关性检验 ………………………… 142
表 7-7　变量的 VIF 检验 ………………………………………… 142
表 7-8　金融资源错配对技术创新效率的整体回归结果 ……… 143
表 7-9　不同所有制金融资源错配对技术创新的回归结果 …… 145
表 7-10　不同地区金融资源错配对技术创新的回归结果 …… 148
表 8-1　变量描述性统计 ………………………………………… 155
表 8-2　总体实证分析结果 ……………………………………… 156
表 8-3　分地区实证分析结果 …………………………………… 157

图目录

图 1-1　研究框架 …………………………………………… 024
图 2-1　金融资源三大层次示意图 ………………………… 041
图 2-2　战略性新兴产业各阶段金融支持情况 …………… 046
图 3-1　2015—2019 年节能环保产业景气指数…………… 048
图 3-2　2015—2019 年新一代信息技术产业景气指数…… 048
图 3-3　2015—2019 年生物产业景气指数 ………………… 049
图 3-4　2015—2019 年高端装备制造业景气指数………… 049
图 3-5　2015—2019 年新能源产业景气指数……………… 049
图 3-6　2015—2019 年新材料产业景气指数……………… 049
图 3-7　2015—2019 年新能源汽车产业景气指数………… 049
图 3-8　规模以上工业企业利润总额 ……………………… 051
图 3-9　战略性新兴产业上市公司技术人员数量 ………… 052
图 3-10　战略性新兴产业上市公司技术人员占比情况 …… 052
图 3-11　2015—2018 年战略性新兴产业员工学历占比情况 … 053
图 3-12　2019 年列入统计的不同规模企业数量占比 ……… 054
图 3-13　环保产业贡献率及其对 GDP 的拉动作用 ………… 055
图 3-14　2019 年环保企业细分领域企业研发经费占营业收入比例
　　　　　…………………………………………………… 055
图 3-15　中国新一代信息技术产业数字经济总体规模年度变化及

　　　　　其GDP占比 ……………………………………………… 057
图3-16　2015—2018年我国高端装备制造业市场规模 ……… 060
图3-17　2015—2018年我国高端装备制造业销售收入规模 … 060
图3-18　截至2020年中国科创板已申报企业所属行业数量分布情况
　　　　 ………………………………………………………… 061
图3-19　截至2020年中国科创板已申报企业所属行业占比情况
　　　　 ………………………………………………………… 061
图3-20　2017—2019年中国新能源产业市场营收规模 ……… 062
图3-21　2011—2019年新材料产业市场规模 ………………… 064
图3-22　2010—2017年战略性新兴产业完成投资额及新增投资额
　　　　 ………………………………………………………… 069
图3-23　国家级战略新兴产业集群分布情况 ………………… 071
图3-24　2013—2017年战略性新兴产业上市公司股权融资结构变化
　　　　 ………………………………………………………… 072
图3-25　2013—2017年战略性新兴产业上市公司债权融资结构变化
　　　　 ………………………………………………………… 072
图3-26　战略性新兴产业上市公司和A股上市公司研发强度对比
　　　　 ………………………………………………………… 074
图3-27　2012—2016年我国战略性新兴产业发明专利申请情况
　　　　 ………………………………………………………… 075
图3-28　2012—2016年我国战略性新兴产业发明专利授权情况
　　　　 ………………………………………………………… 075
图3-29　东中西部工业增加值占GDP比重变化趋势图 ……… 076
图3-30　东中西部区域金融机构贷款余额占GDP比重变化趋势图
　　　　 ………………………………………………………… 078
图3-31　东中西部高等院校数量变化趋势图 ………………… 079
图4-1　美国银行在新能源产业的融资结构 ………………… 083
图4-2　日本的融资结构 ……………………………………… 088
图5-1　金融支持促进战略性新兴产业发展的机制 ………… 099

图 5-2　金融支持降低战略性新兴产业融资成本机制 ………… 100
图 5-3　金融支持效率选择淘汰战略性新兴产业机制 ………… 101
图 5-4　东中西部不同技术前沿下金融支持效率对比图 ……… 107
图 5-5　东中西部地区金融支持技术缺口比率 ………………… 110
图 5-6　东中西地区部金融支持技术差距 ……………………… 111
图 6-1　技术创新效率的测度方法 ……………………………… 116
图 6-2　我国战略性新兴产业技术创新效率整体变化趋势 …… 122
图 6-3　我国战略性新兴产业国有企业和非国有企业技术创新效率
　　　　变化趋势 ……………………………………………… 123
图 6-4　我国东中西部地区战略性新兴产业企业技术创新效率变化
　　　　趋势 …………………………………………………… 125
图 6-5　我国东中西部地区普通高等院校数量变化趋势 ……… 125
图 7-1　金融支持对技术创新效率的影响机理 ………………… 133

1 绪论

1.1 研究背景与研究意义

1.1.1 研究背景

(1) 世界各国日趋重视新兴产业的发展

2008年全球金融危机后,许多国家纷纷加大了科技创新的研发投入,期望通过新技术的研发与新产业的培育摆脱国内的经济窘境,从而在新一轮的战略制高点的抢夺中占得先机。新兴产业是指关系到国民经济社会发展和产业结构优化升级,具有全局性、长远性、导向性和动态性特征的产业。与传统产业相比,新兴产业具有高技术含量、高附加值、资源集约等特点,发展新兴产业是促使国民经济走上创新驱动、内生增长的根本途径。随着新兴产业日益发展壮大,科技创新将有希望成为促进全球经济增长和产业复苏的催化剂。因此,近年来美日韩及欧洲的一些发达国家纷纷将新兴产业作为其经济发展的战略重点,相继推出一系列促进战略性新兴产业发展的战略和政策,如表1-1所示。

表1-1 2018年世界主要发达国家促进新兴产业发展政策

国家	新兴产业发展政策内容
美国	美国发布了《国家网络战略》,提出未来将巩固美国在网络空间的利益,并表明美国有意扩大其在网络空间的国际影响力。美国还制定了"国防部人工智能战略",加快人工智能在国防领域的部署,促进人工智能关键核心技术和市场应用的发展
日本	日本在《综合创新战略》中,提出了支持人工智能发展的重点措施
韩国	韩国发布了第四个五年科学技术计划——《第四期科学技术基本计划(2018—2022)》,该计划选定了120个重点科技项目,首次选择了智慧城市、人工智能和3D打印等12个项目;2018年,韩国发布了《2019政府研发投资创新方案》,明确了科研预算的使用原则,完善了重点领域和重大研发计划,以及政府资助的方向,该计划突出了12个政府主导的重点研发方向
德国	德国发布《高科技战略2025》,提出要实施"国家十年"抗癌计划,为"预防和个性化医疗"开发数字化解决方案;提出将在数字安全领域得到发展,实施"全新的整体IT安全解决方案",其中量子通信将发挥重要作用
法国	发布了"人工智能发展战略"
英国	英国政府宣布将在本世纪20年代中期运营首个碳捕捉、储存以及利用项目
俄罗斯	俄罗斯计划在符拉迪沃斯托克(海参崴)建设同步加速器,以借此机会成为亚太地区新的高科技产业中心

注:资料来源:http://www.cdxcl.org/news_details.html?id=4201。

过去的传统产业是沿着粗放型、劳动密集型的道路发展,为我国经济做出巨大贡献,同时也造成了严重的环境污染和资源浪费。资源短缺压力越来越大,传统产业又产能过剩,目前我国石油、铁矿石、精炼铝、精炼铜、钾盐等五大矿产的对外依存度都超过了50%。我国能源资源对外依存度过高,严重影响我国经济社会的安全发展。除了资源短缺外,技术落后造成的资源利用度极低、浪费严重也是一个重要因素。因此,我国的产业转型升级迫在眉睫,必须通过高端技术改造传统产业和发展战略性新兴产业。而我国早在2010年便通过了大力发展战略性新兴产业的战略规划,并在近几年接连出台激励战略性新兴产业发展的产业政策。从发展态势来看,世界各主要国家均抓紧时机积极采取各种方式,进一步形成和巩固本国产业优势,新兴产业已经成为世界各国发展的重点所在。

(2) 新兴产业的战略地位日益凸显

受国际整体经济萎靡以及国内内需紧缩、外需下降的影响,我国经济增速从2010年第一季度的12.1%持续回落至2019年的6.1%,然而在面对经济下行的压力和传统产业受到巨大冲击的同时,我国战略性新兴产业却始终保持着持续的增长,成为稳定我国经济发展的关键一环,对国内经济的支撑作用日益明显。"十三五"以来,战略性新兴产业增速持续高于总体经济增速水平。

战略性新兴产业具有以下特征:一是战略性。其在国民经济中占有重要地位,对于经济发展、产业结构调整具有重要意义。二是创新性。战略性新兴产业是科技创新的集成应用,可以加速科技成果产业化进程。三是导向性。战略性新兴产业具有引导作用,代表了产业发展方向和政策导向。四是成长性。战略性新兴产业发展潜力较大,发展速度明显高于平均水平。五是关联性。战略性新兴产业关联度较高,产业链条较长,吸纳就业作用突出。此外,战略性新兴产业发展周期较长,需要巨额资金投入,面临一定的技术和市场风险,单一企业或部门难以独立承担。所以,必须站在国家战略高度,制定专门的财政、信贷、税收和科技扶持政策,优化战略性新兴产业的发展环境。

发展战略性新兴产业是我国走新型工业化道路的必经之路。1978年以后,世界产业大转移,开始由日本、韩国及我国台湾地区转移至我国大陆地区,我们有大量且低廉的劳动力、大片土地资源,还有几乎不计环保成本等诸多优势,使得我国迅速成为世界工厂,我国经济增长实现量和速度的双突破。2000年以后,我国劳动力成本上升,资源匮乏问题开始显现,我们逐渐丧失了原有优势,产业转型升级需求迫切,开始由低端制造向中高端制造发展,由传统制造业向新兴产业发展,因为只有大力发展战略性新兴产业才能实现新型工业化。

纵观全球,科技创新带来产业的革命,引发了新一轮的经济增长。因此,欧美、日韩长期引领全球科技创新、带动产业发展,我国要想实现弯道超车,必须大力发展战略性新兴产业。2008年全球金融危机之后,大批产业规模缩小,各国都在调整经济增长模式,越来越重视技术创新和高端产业发展,开始将信息网络技术、绿色能源、新材料技术以及生物技术等新兴产业作为重点发展产业。我国发展战略性新兴产业也是面对新的国际竞争形势所做出的必然选择。

2019年是我国经济新常态下继续深化经济结构调整的关键时期,世界经济在深度调整中曲折复苏,国内经济下行压力进一步增大。在此背景下,战略性新兴产业在经济发展中的重要地位进一步凸显,各项政策扶持也将更为有力地促进新兴产业的蓬勃发展。战略性新兴产业将有望成为填补传统产业下滑"空缺"的重要力量。

(3) 战略性新兴产业金融支持力度大大增强

战略性新兴产业的培育和发展需要大量的资金投入,为助力产业发展,国家决定设立国家新兴产业创业投资引导基金,重点支持处于"蹒跚"起步阶段的创新型企业,促进技术与市场融合、创新与产业对接,孵化和培育面向未来的新兴产业。同时,鼓励拓展战略性新兴产业的融资渠道。2017年7月,科技部在加快重大专项实施和成果应用的同时,积极推动"科技创新2030—重大项目"启动实施,通过系统部署,力争在人工智能、量子通信、脑科学、深海装备、航空航天、机器人、新材料、大数据、信息安全等重要领域率先突破,支撑新产业、新业态的健康发展,加速培育战略性新兴产业的生长点。"十三五"规划建议中也明确提出要积极支持战略性新兴产业发展,发挥产业政策导向作用,促进市场竞争,更好地发挥国家产业投资引导基金的作用,培育一批战略性新兴产业。

金融支持,从宏观层面来讲,就是金融对于整个国家或区域系统建设和发展的支撑与扶持作用;从微观层面来讲,是指为了某产业或某地区的发展,在金融机构和金融政策方面针对性地开展工作,比如贷款优惠条件、办理金融业务的便利条件、提供外汇结算、政府给予贷款贴息等。

一个国家或地区的金融体系主要分为市场主导型和银行主导型两种,前者以英、美等国家为代表,后者以日、德等国家为代表。市场主导型金融体系是指以直接融资市场为主导的金融体系,政府是保证金融体系健康运作的基本要素。在市场主导型金融体系中,资本市场比较发达,企业的长期融资以资本市场为主,而银行的主要作用在于提供短期融资和结算服务。市场主导型金融体系的优点是:竞争性资本市场具有信息归集和向投资者有效传递信息的功能,市场机制将降低与银行体系有关的内在低效率问题;资源配置效率高、功能健全的市场更加有利于经济增长。其缺点是各金融机构之间关系复杂,容易产生隐性金融风险并诱发经济危机。银行主导型金融体系是以银行间接融资方式配置金融资源为基础的金融体系,在银行主导的金融体系中,银行体系发达,企业外部资金来源主要是间接融资,银行在动员储蓄、配置资金、监督公司管理者的投资决策以及在提供风险管理手段上发挥主要作用。银行主导型金融体系的优点是银企关系密切,缺点是银行主导的金融市场会对其他金融机构的生长和发展产生抑制作用,无法形成健康的、多层次的金融市场体系。

我国的金融体系偏向于银行主导型,这主要是由于我国的市场证券化程度不高,多数企业不能直接从资本市场融资。另外,我国金融体系具有明显的"政府干预"特征,在金融市场的运作中,利率、汇率、资本流动等都受政府管理,政府还控股了大量金融机构,政府对金融体系本身的运作具有强大的干预功能,所以在很多金融服务上形成了双轨制,只有部分机构或部分企业可以得到较好的金融服务,例如大企业和国有企业等融资相对比较容易,而且融资成本相对比较低。

在地方层面,地方政府也加大了对战略性新兴产业发展的资金支持力度。比如,重庆成立战略性新兴产业股权投资基金,该基金由政府的产业引导股权投资基金和市属国有企业共同出资设立,引入社会资本共同参与,总规模约 800 亿元。广东设立广东国资新兴产业发展基金,首期规模 50 亿元,重点支持省属国有大型骨干企业转型升级。安徽设立 200 亿元以上高新技术产业基金,自 2015 年起,每年安排 20 亿到 30 亿元,支持重大项目建设、新产品研发和关键技术产业化、重大技术装备和关键零部件及新工艺示范应用、关键共性技术研发平台和第三方检验检测平台建设等。

1.1.2 研究意义

（1）理论意义

目前,学者们对战略性新兴产业的实证研究主要集中在对行业整体的分析,却忽略了区域差异对实证结果的影响,而对战略性新兴产业的区域差异大多也仅仅通过理论阐述和统计分析的形式来进行研究,对战略性新兴产业区域间的效率差异以及影响因素的实证研究少之又少。本书将通过构建实证模型对我国东中西部战略性新兴产业的金融支持效率差异进行分析,对完善战略性新兴产业研究具有理论意义,也在理论上为促进区域战略性新兴产业的协调发展提供了思路和依据。此外,本书还将金融支持与技术创新效率纳入统一的研究框架,从而分析金融支持对技术创新的作用机制,并以2012—2018年战略性新兴产业上市公司为研究样本,构建实证模型,从战略性新兴企业的所有制差异和所处地区差异角度就金融支持对战略性新兴产业技术创新效率的影响及其差异性展开分析,完善了金融支持的研究内容,也从金融支持的角度健全了战略性新兴产业技术创新效率影响因素的理论研究,为国家逐步优化战略性新兴产业金融资源配置,促进战略性新兴产业的协调发展提供了思路和依据。

（2）现实意义

党的十九大报告指出,创新是引领发展的第一动力。战略性新兴产业是顺利实现我国新旧动能转换、优化经济结构的一大突破口。近年来,随着智能制造和"一带一路"受到越来越广泛的关注,加上一系列产业利好政策的推出,战略性新兴产业迎来了进一步发展的关键时机。金融支持是技术创新的一个至关重要的方面,如果金融资源能在战略性新兴产业内部得到合理的配置,将极大地提高新兴产业的技术创新效率。然而,战略性新兴产业在融资过程中面临较多制约。一是大量科创型企业具有不确定性、高风险性,且"轻资产"特征明显,缺乏可获取银行贷款的抵押资产。二是战略性新兴产业的前期研发技术性强、周期长,增加了投资方判断其前景的难度。现阶段我国东中西部地区受到区域环境和融资渠道等方面因素的影响,金融资源仍然存在明显的差异,研发投入积极性受到抑制,阻碍了其技术创新效率的提高。此外,由于我国东中西部地区经济和金融环境存在较大差异,不同地区的战略性新兴产业面临着不同程度的金融资源差异。因此,尝试研究我国不同所有制和不同地区战略性新兴产业内金融支持与技术创新效率的相关性和差异性,一方面有助于为政策制定者提供针对性强的参考,完善战略性新兴产业内企业的融资环境,另一方面有助于战略性新兴产业内企业结合自身的产权属性和区位环境充分认识金融支持对其技术创新效率的实际影响,以及时采取有效的应对措施。

1.2 国内外相关研究

1.2.1 关于金融支持的研究

(1) 金融支持与产业发展关系研究

20世纪50年代以来,金融支持与产业发展之间的关系变得越来越密不可分,起着相互支撑、相互促进的重要作用,国外学者在这两者之间的关系上也有很多的研究。白芝浩[1]是最早对经济发展与金融支持关系进行研究与考察的国外学者,他认为社会公共项目通过资金融通体系可以解决资金紧缺问题,从而保障项目的顺利完成。Fisman与Love[2]采用实证模型分析的方法进行研究,研究表明一个经济体金融体系越完善,产业竞争度便会越高。Avnimelech等[3]通过构建生命周期模型研究发现金融投入与新兴产业之间是相互促进的关系。Andersen和Nielsen[4]认为处于发展初级阶段的新兴产业受到各方面条件的约束,政府应当为其提供融资途径和政策扶持。

Beck等[5]分析了两种融资途径的最终退出方式,证明了风险投资大多以并购出售的形式退出,而战略投资大多通过上市退出,因此吸引战略投资对新兴产业来说是一种更为妥当的方案。Acharya和Xu[6]利用32个国家的26个制造业的数据从微观企业层面进行实证检验,研究发现,直接融资更多地带动技术型新兴产业的发展,而间接融资则更多地选择支持传统产业的持续性发展。Popov和Roosenboom[7]运用面板模型对欧洲20多个国家的数据进行研究,进一步论证了风险投资是新兴产业发展的助推剂。Rioja和Valev[8]的研究表明,完善的金融体系可以大力促进产业的发展,其中对于高新技术产业的促进作用更为明显。黄建康等[9]通过面板数据回归对江苏省22家战略性新兴产业上市公司进行实证分析后得出,金融支持方式中留存收益融资和商业信用融资对新兴产业都起到了正向支持作用。李亚波[10]从战略性新兴产业企业生命周期不同阶段的金融结构着手,通过OLS(最小二乘法)和Logistic Regression(逻辑回归)两种回归方法得到相似研究结果:间接金融能帮助成长期和成熟期企业成长,而成熟期和衰退期企业一般通过股权形式获得金融支持。王竞和胡立君[11]通过GMM(高斯混合模型)方法发现银行信用融资、留存收益融资和股权融资对新兴产业的上市公司发展有正向作用。

(2)战略性新兴产业的金融支持研究

谭中明等[12]根据江浙沪三地战略性新兴产业上市公司的面板数据,分析其金融支持的技术与规模效率并提出相关建议。赵滨元[13]以上市新能源公司微观数据为对象进行实证研究,从融资成本和投资收益角度考察了新能源产业的金融支持效率。蒋静芳[14]实证分析了"十二五"时期我国战略性新兴产业的发展状况,得出金融资本供给不足的结论,提出政府要重点加强政策引导作用,并出台相关法律推进市场化金融改革。阚景阳[15]认为我国战略性新兴产业中,中小企业占比较高,而传统的金融支持力度不足,应进一步完善各类金融支持政策,并充分发挥多层次资本市场的金融支持功能。刘洪昌和刘洪[16]以连云港为例,针对突破式创新发展中存在的发展瓶颈,提出增加财政资金支持力度可以促进该地区科技创新的发展,从而促进战略性新兴产业的发展。马军伟和王剑华[17]从战略性新兴产业发展的异质性金融需求出发,提出要充分发挥发展型和政策性金融机构的作用,加大对战略性新兴产业走出国门的金融支持力度。王雪辰[18]运用 DEA(数据包络分析)测量战略性新兴产业的效率,结果表明我国金融支持在战略性新兴产业发展过程中的资源配置效率较低。杨小玄[19]对金融助推战略性新兴产业发展的作用效果进行了实证研究和理论分析,发现金融支持能推动战略性新兴产业的跨区域协调发展。

(3) 战略性新兴产业发展的金融支持绩效研究

在绩效研究方面,最早的研究方法是 DEA 方法,起初的研究仅仅是对效率进行一个简单的测算。刘力昌等[20]采用 DEA 模型研究了我国 1998 年上市的 47 家公司的股权融资效率。后来,不少学者将 DEA 模型与其他方法结合起来,使研究内容更丰富,结果更有说服力。庞瑞芝等[21]以我国 11 家商业银行为样本,运用 DEA 方法测度了其综合技术效率,并以 DEA 测度的综合效率值为因变量建立了 Tobit 模型,对效率的影响因素作了进一步分析。熊正德和林雪[22]以 105 家战略性新兴产业企业为样本,结合 DEA 与 Logit 方法,在效率测度的基础上分析了影响因素,并有针对性地提出了对策建议。韩雪莲等[23]以 180 家战略性新兴产业企业为样本,分析它们进入新兴产业的行为,并深层次探究进入时机对企业产生的影响,最后得出企业可合理选择进入新兴产业的时机这一结论。毛泽盛和王红棉[24]通过对江苏省金融助推战略性新兴产业成长的特点与现况进行研究,提出了持续加大政府投入,创新商业银行的信贷机制,积极发展风险投资,大力扶持企业上市的对策建议。刘建民等[25]通过对湖南省金融助推战略性新兴产业成长的相关研究,提出了适宜本省产业发展的相关对策建议。马军伟[26]采用 Malmquist 效率模型对我国新兴产业金融支持效率进行了实证研究,并分析了影响因素,提出要从推动产品创新、金融结构和发展环境的优化等方面推动金融支持效率的提高。黄海霞和张治河[27]基于中国2005—2012年省际面板数据,采用DEA模型的Malmquist指数分解法,对28个省级行政区以及东、中、西三大地区新兴产业的技术创新Malmquist指数进行了测算,并分析了其差异、TFP(全要素生产率)变化以及原因。张明龙[28]以重庆37家战略性新兴产业上市公司为样本,运用Bootstrap-DEA方法对金融支持效率进行了测算,结论显示综合技术效率较低,主要原因是纯技术效率贡献较小,并且从几个板块来看,存在创业板效率最低的现象。李晓梅[29]选取环渤海、长三角和珠三角的30家上市企业数据,用DEA方法测算出投入产出效率,结果显示:三大区域的企业投入产出效率地区发展不均衡,环渤海地区企业投入效率波动大,且三大区域的企业投入产出效率还有待提升。

在金融支持的研究方面,现有文献对金融支持与产业发展关系、金融模式、绩效研究作了较为深刻的探讨,为本书的研究奠定了坚实的基础。从总体上看,关于金融支持的已有文献大多以生命周期理论为核心研究金融支持对战略性新兴产业发展的影响,测度金融支持效率的方法主要依托DEA和SFA(随机前沿分析)模型。

1.2.2 关于技术创新的研究

在技术创新效率方面,已有学者做了大量研究,他们的研究重点主要是技术创新效率的测算方法,在投入产出的框架下,通常使用参数或非参数的分析方法测算技术创新效率。在影响技术创新效率的因素方面,大多数学者将内部和外部因素综合起来,应用不同的分析方法对技术创新效率的影响因素进行探析。本节就技术创新效率评价方法和技术创新的影响因素两方面进行综述。

(1)关于技术创新效率测算方法的研究

对于效率水平的测算,目前主要有两类方法:参数方法和非参数方法。参数方法以随机前沿分析(Stochastic Frontier Analysis,SFA)为代表。Aigner等[30]、Battese和Corra[31]较早建议运用SFA分析方法来测算创新效率。Wang[32]以人员和资本作为投入变量,以专利和学术成果作为产出变量，同时考虑环境等作用因素，采用SFA方法对30个国家的研发效率进行了评估。He和Chen[33]同时采用DEA和SFA的方法对日本机电行业的技术创新效率进行了评价，得出技术创新效率较低的结论，而且发现R&D(Research and Development,研发)经费对技术创新具有显著的影响。Hu等[34]将1998—2005年24个国家的面板数据作为样本，采用SFA中距离函数模型对其研发效率进行研究，发现部门之间的科技合作、政府支持等能明显增强创新实力。Glass等[35]开创性地构建了空间自回归随机前沿模型，对欧洲各国的研发效率进行测算，结论说明了欧洲各个国家之间具有非对称的空间外溢效应。

非参数方法以Charnes等[36]提出的数据包络分析(Data Envelopment Analysis,DEA)为代表。Lee和Park[37]采用DEA的分析方法估算了亚洲27个国家和地区的技术创新效率，发现新加坡的技术创新效率值最高，其次是日本，而中国大陆、中国台湾地区和韩国则相对较低。Hashimoto和Haneda[38]同样运用DEA的分析方法对日本医药业的技术创新效率进行了评估，得出在1983—1992年日本医药业的技术创新效率呈下滑走向的结论。Raab和Kotamraju[39]在多投入多产出的框架下，运用DEA模型，比较了美国50个州的高新技术产业的创新效率。Kao和Hwang[40]把决策划分为两个连续的子过程，通过两阶段DEA模型来找出无效率项。Wang和Huang[41]应用三阶段DEA方法，研究了30个样本国家的创新效率水平，研究发现：创新效率较高的国家不到样本的一半，且超过一半的样本国家位于规模收益上升阶段。Liu和Xia[42]首先采用随机前沿分析方法估算了2007—2010年我国战略性新兴产业89个上市公司的创新效率，然后应用Tobit模型剖析了创新效率的影响因素。Despotis等[43]构建了通用网络DEA模型，应用于多阶段的效率评价情况。Wang等[44]将技术创新活动分为研发阶段和商业化阶段，从系统的角度对技术创新进行评价和分析，构建了基于两阶段DEA的高技术产业技术创新效率评价框架，并认为大多数行业的整体效率较低,5类高新技术产业的创新效率差异很大。

国内关于技术创新效率的评测方法也主要分为SFA和DEA两类。

①随机前沿分析方法。朱有为和徐康宁[45]基于SFA方法,选用中国高技术产业1995—2004年13个行业的数据,对其研发效率进行了评价,并进一步探析了研发效率受市场结构和企业规模等因素的影响。肖兴志和谢理[46]以中国战略性新兴产业2000—2008年15个子行业为研究对象,运用SFA模型对其创新效率进行评价。结果显示,尽管中国战略性新兴产业创新效率水平整体偏低,但是始终在缓慢提升。吕岩威和孙慧[47]分东中西部,选用SFA方法对中国战略性新兴产业19个行业的技术效率及其影响因素进行了探析,结论显示,中国战略性新兴产业的创新活动具有行业和区域异质性的特征。韩兆洲和操咏慧[48]以2011—2016年我国的30个省、自治区(西藏数据未包括)、直辖市的面板数据为研究样本,用SFA分析方法对省域创新效率进行测算,再将空间效应纳入面板数据模型,分析创新效率收敛与否,同时考察影响创新效率提升的因素,实证结果表明我国区域创新效率整体水平仍有提升空间,且区域间存在显著的空间正向自相关。

②数据包络分析方法。陈敬明等[49]通过建立区域性科技创新评价指标,采用DEA模型评价京津冀三地的科技创新效率。肖仁桥等[50]利用规模报酬可变的两阶段链式关联数据包络分析方法,测算了2005—2009年我国的28个省、自治区、直辖市高技术产业创新效率,并采用Tobit模型对创新效率的影响因素进行探析。刘晖等[51]选择2007—2012年我国的28个省、自治区、直辖市战略性新兴产业的数据作为样本观测值,应用DEA模型,实证评价了其综合效率、纯技术效率和规模效率。周申蓓和张俊[52]基于国内某大型企业的数据,利用超效率DEA模型从投入产出的角度构建指标体系来评价企业的技术创新绩效。白俊红和蒋伏心[53]首先运用DEA方法评测了区域创新效率,并通过建立空间计量模型,对影响区域创新绩效的因

素进行研究,结果显示政府科技资助等对区域创新绩效具有显著的影响。肖仁桥等[54]从价值链角度出发,构建了两阶段的 DEA 模型,比较了 2005—2010 年中国不同性质工业企业的科技研发和成果转化效率及差异,给出了创新资源利用的 4 种模式,并利用 Tobit 模型检验了效率的影响因素。王惠等[55]认为超效率 DEA 模型可以通过"他评思想"对 DEA 单元进行评价,并且可以有效地分辨决策单元效率水平,使得测算结果更为客观、可靠。刘满凤和李圣宏[56]运用三阶段 DEA 模型对 2012 年我国高新区的创新效率进行了研究,并认为技术效率、纯技术效率和规模效率最高的是长三角和珠三角地区,其次为东北和环渤海地区,最后是西部和中部地区。刁秀华等[57]基于我国高技术产业 2003—2013 年的省际面板数据,采用因子分析法将 R&D 投入、非 R&D 投入以及知识能量降维为企业规模质量变量,以实证检验中国高技术产业的企业规模质量对技术创新效率的门槛效应。罗颖等[58]运用三阶段 DEA 方法分析 2001—2016 年长江经济带区域创新效率的变动规律,并比较长江经济带 11 个省、直辖市和上中下游地区创新效率的空间聚集差异,结果显示,11 个省、直辖市的创新效率时间变化和空间差异较大。

(2) 关于技术创新效率影响因素的研究

由于创新在生产活动中的重要性,提升技术创新效率水平已成为增强行业综合优势的重要方法,国外学者在技术创新效率影响因素方面进行了较多研究。Cameron[59]在分析技术创新与经济增长之间的联系时,发现 R&D 资本每增加 1 个百分点,总产出相应会增加 0.05 到 0.1 个百分点,R&D 投资的回报率处于 20%～50%。Aghion 和 Howitt[60]研究发现,技术创新人员的能力会通过技术溢出效应促进经济增长。Soosay[61]认为具备丰富专业知识和较高技能素质的研究人员可以大大提升企业的创新能力。Fritsch 和 Slavtchev[62]强调创新环境的差异常常使各个创新单元的创新能力产生差异,好的创新环境是研发活动的"润滑剂",而不相称的创新环境则会对投入产出的转化率起到阻碍作用。Kim 和 Inkpen[63]对获取技术的不同方式进行研究,发现企业的技术吸收能力会受到技术引进速度与合作交流经验的影响。Griffith 等[64]选择了经济合作与发展组织 12 个发达国家的工业数据作为样本观测值进行研究,结果发现 R&D 经费与技术创新效率有着正向变动关系。Sivak 等[65]以发展中国家的企业数据作为样本,发现政府支持力度对创新具有正向推动作用。Fu[66]运用英国企业调查数据,研究指出企业对外开放程度和内部激励均对创新效率产生正向作用,且二者具有替代效应。Puškárová 和 Piribauer[67]将欧洲国家作为研究对象,研究得出知识和人力资本存量的提高有助于全要素生产率的提高。

  国内学者从投入因素和外部环境因素角度对技术创新效率的影响因素展开了广泛的探讨。郭丽凤[68]运用系统动力学方法对影响辽宁省高端装备制造业技术创新的 18 个因素进行仿真分析,将影响因素分为内部控制、内外协调和外部发展三个层次。陈旭升和钟云[69]基于结构方程模型,考察企业创新能力、产品市场环境、中介机构以及政府政策等 4 个方面对高端装备制造业市场绩效的作用方向及程度。黄振文[70]以福建省高端装备制造业的 5 个细分行业为研究对象,首先采用 DEA 模型对其技术创新效率进行评价,并以此为基础,进一步构建了影响因素的指标体系和研究模型,对影响行业技术创新效率的因素展开了计量分析。吴雷[71]应用随机前沿分析方法评估了黑龙江省高端装备制造业的创新绩效,结果显示其创新绩效偏低,并在此基础上进一步考察了政府科技财政拨款、进出口强度等因素对创新绩效的影响,认为这些因素对黑龙江省高端装备制造业创新绩效的提高均具有正向推动作用。陈劲[72]认为可以通过政府采购的方式来支持技术创新活动。唐忠南[73]通过对高端装备制造业特征的分析,建议通过政府财政拨款及税收优惠等政策来推动创新活动的进行。王钺和白俊红[74]基于创新活动在空间上相关的视角,选用动态空间面板模型,研究发现资本的跨区域流动对我国各区域创新活动的协调发展会产生不同程度的作用。齐齐等[75]运用 DEA 方法测算了东北地区战略性新兴企业的技术创新效率,并考察了研发人员和研发经费投入两个因素对其的影响,认为研发人员不足以及研发经费比例的不合理均是拉低创新效率的主要原因。牛雄鹰等[76]基于随机前沿模型考察了国际人才流入和人力资本对不同地区创新效率的影响,得出这两种因素均对不同地区的创新效率起到正向作用的结论。他们发现外商直接投资、产业结构以及基础设施对地区创新效率的影响均表现出明显差异。李晓龙和冉光和[77]采用2006—2015年我国省际面板数据进行研究,认为金融抑制和资本扭曲是阻碍我国技术创新效率提高的两个重要外部因素。李娜等[78]从外部技术吸收的角度入手,探讨了学习敏捷性对企业创新的影响效应。结果表明,供应商的创新性积极影响企业创新绩效,外部技术采纳起到了中介作用。朱琳和伊志宏[79]以2010—2016年上市公司为样本,构建双重差分模型,检验沪港通交易制度对企业创新的影响,研究发现沪股通企业的创新水平有显著上升,并认为加大对外开放程度可以提升相关上市公司的创新水平。张立杰和梁锦凯[80]基于DEA-Malmquist-Tobit方法测算并探究了丝绸之路经济带沿线省、自治区、直辖市技术创新效率及相关影响因素,发现企业的技术积累和劳动者素质对创新效率的提高起到主要作用,而企业自主创新能力、企业规模以及政府补助能够影响企业的技术转化效率。黄海涛和夏赟[81]基于2013—2015年新疆14个地、州、市规模以上工业企业的面板数据,利用Tobit回归分析模型对影响新疆规模以上工业企业科技创新效率的深层次因素进行挖掘,结果显示政府资源的高投入在短期内具有促进作用,但从长期来看反而产生了一些负面影响,工业企业自主创新的主体地位和工业企业对创新的人力资源投入都对科技创新效率有正向影响。牛秀红等[82]结合网络DEA模型和超效率DEA模型构建的关联两阶段超效率DEA模型(TSS-DEA),对西部14个典型城市的创新效率进行测算,并利用效率测算结果对影响因素和路径进行实证分析,得出创新环境、创新主体特征和创新交流因素发展程度不同是造成西部典型城市创新效率差距的主要原因。

关于技术创新效率方面的研究,学术界关于技术创新效率测算的文献资料比较多,大多集中于在投入产出的框架下利用参数或非参数的分析方法测算技术创新效率;在指标选取上,不同的学者选择不同的参数进行研究,并在得出的技术创新效率水平的基础上进一步探究其影响因素。

1.2.3 金融支持对战略性新兴产业技术创新的影响研究

(1) 金融发展水平与技术创新关系研究

金融发展水平与技术创新关系的相关研究中,部分学者支持"金融功能观"。1912年,熊彼特第一个提出了银行系统存在识别功能,能够通过对储蓄进行动员、对项目进行有效评价等途径对企业能否成功开展技术创新活动进行识别,为最具有潜力进行新产品开发并投入生产的企业提供资金来促进技术创新。Levine[83]认为金融系统存在4项特殊功能,分别是分散风险、配置资源、动员储蓄以及促进公司治理,这些功能可以提高技术创新效率。Meierrieks[84]发现更高水平的金融发展能引起更强的创新活动。在实证方面,利用1997—2016年70个发达国家和发展中国家的数据,Chowdhury和Maung[85]的研究指出,金融市场对于研发投资中产生的信息不对称具有有效的抑制作用,因此能够明显提高研发投资的效率。Hsu等[86]提出金融市场可以带动科技创新的发展的观点,采用发达国家和新兴经济体的数据,实证发现创新产出显著受到股票市场和信贷市场融资资金的促进作用。Schindler[87]指出随着信息时代的发展,金融创新会成为金融发展的"重头戏",他通过构建计量模型发现金融创新能够吸引大量资金的流入,为企业创新活动的顺利开展奠定基础。

国内学者孙伍琴和王培[88]采用2000—2010年我国的30个省、自治区、直辖市的面板数据,研究发现金融发展对技术创新具有促进作用,且东部和中部地区金融发展促进技术创新绩效的效果优于西部地区。王淑娟等[89]从金融发展结构和金融发展效率的角度出发,研究了金融市场通过事前项目筛选、事中资金配置和事后监督管理促进高新技术企业的自主创新。崔庆安等[90]采用空间杜宾模型,认为金融深化对区域技术创新的溢出效应有促进作用。聂高辉等[91]基于 TVP-VAR(时变参数向量自回归)模型,对非正规金融、技术创新与产业结构升级之间的关系进行了深入探讨,研究发现非正规金融对技术创新有累积冲击效应,政府应当扩大投入,引导非正规金融参与技术突破。孙俊杰和彭飞[92]通过对金融发展和民营企业研发投入之间的关系研究发现,金融发展作为外部环境因素能够缓解研发投入对于民营企业融资能力的制约,进而提升民营企业研发创新能力。然而,也有部分学者的研究结果与"金融功能观"相悖,徐晓舟和阮珂[93]采用 2004—2013 年我国的 31 个省、自治区、直辖市面板数据,运用零截断负二项回归模型,研究发现金融机构的风险控制要求使其偏好为风险较低、还款能力有保障等市场前景较为明朗的企业提供贷款,而创新项目的高投资、高风险、回报周期长等特点导致创新活动并没有得到充足的金融支持。王鸾凤和姜概[94]认为长时间内金融创新对技术创新的影响并不显著,经济发展速度过快对技术创新起反向作用。

关于金融结构与技术创新关系的研究,Jaffee 和 Russell[95]对不完善信贷市场进行了开创性研究,自此以后,金融结构对技术创新的重要性开始受到重视。目前关于金融结构与技术创新关系的研究,主要集中于探讨以金融中介为主体的金融结构和以金融市场为主体的金融结构,而关于何者有利于技术创新,学术界尚未取得一致结论。Xin 等[96]运用 1999—2007 年中国省级和行业层面的数据,研究发现在长期银行贷款所占份额大的省份,银行贷款对依靠外源融资的企业技术创新影响更大。而 Hsu 等[86]运用 32 个新兴国家和发达国家的面板数据,研究发现一个国家的资本市场越发达,则外部融资依赖度越高,且技术越密集的企业在该国能够表现出越高的技术创新水平,而信贷市场的发展则会限制具备这一特征的企业创新。Kim 等[97]对韩国上市公司的技术创新活动进行研究,发现银行贷款形式的外部融资对韩国企业的技术创新活动产生了负面影响,直接外部融资则有积极影响。国内学者张一林等[98]考察发现在技术创新支持方面,股权融资相对于银行信贷有优势,研究进一步发现股权融资市场的发展更适于为缺乏资产、研发风险较高的创新企业开展技术创新提供金融支持。钟腾和汪昌云[99]则从实证的角度考察了金融结构对企业创新的影响,基于1997—2013年中国企业数据,他们发现股票市场比银行发展更能促进企业创新,同时对高度外部融资依赖以及高科技行业的促进效果更明显。张杰[100]指出,中国现阶段以银行机构为主导的金融体系,以及以间接融资渠道为主的金融结构,与正在全面推进的创新驱动发展战略和建设创新型国家战略存在诸多不兼容的方面,当前中国金融体系改革的重点,是应该优先发展直接融资形式的银行机构而非金融市场,优先发展地区性的专业化中小商业银行体系而非全域性的商业银行体系。

(2) 金融投入对技术创新影响研究

国外学者的研究主要集中在研究不同金融投入对企业技术创新能力的影响,以及战略性新兴企业金融支持的阶段性差异方面。Jensen 和 Meckling[101]首次将金融投入与企业的战略发展结合起来进行研究,这也为金融投入影响企业创新能力的研究奠定了基础。Koga[102]研究发现日本的政府投资能够提高高技术企业创新的投入能力。Brown 等[103]研究发现企业积极进行股权融资对企业的创新活动起正向作用,还不会增加企业财务危机的可能。Bougheas[104]研究不同国家金融投入对企业创新能力的影响,研究发现日本、法国等国家银行贷款投入对企业创新能力的影响较大,而美国、加拿大、英国等国家企业的内部融资对企业的创新能力影响更大。Nanda 和 Nicholas[105]研究得出与上述观点不同的结论,认为政府对企业的金融投入不能发挥积极的促进作用。为了明确究竟应该为战略性新兴企业提供何种具体的金融支持,有学者研究战略性新兴企业不同阶段金融支持的差异性,以求明确不同阶段企业的金融需求以及各阶段金融支持的特点。Westkämper 和 Osten-Sacken[106]提出企业具体的金融支持模式应当由企业的生命周期决定,企业的创新发展过程应当建立相配套的金融体系。Rizov[107]提出处于成熟期的企业对市场金融的依赖性高于政府引导,这也增加了资本市场的不可控性。Colombo和Grilli[108]研究发现处于成长期的新兴企业由于内部财务不完善,仅有很少企业可以获得资本市场金融的支持,尤其是信贷金融的支持。

国内学者王会龙和李仁宇[109]研究分析政府科研支出、投入人力水平是否对技术创新有促进作用,结果表明:政府科研支出越多,技术创新能力越强;投入人力水平越高,技术创新能力也越强,并且投入人力水平可以长时间推动技术创新。顾海峰[110]认为政府应当引导金融机构促进政策性金融资源流入战略性新兴企业。徐玉莲和王宏起[111]发现我国风投、资本市场和财政科技投入对企业能力的激励效果明显,但科技信贷的促进作用则不显著。熊广勤和罗方珍[112]认为归属于初创、成长和成熟期的该类企业的创新能力主要受政策性金融投入、信贷支持以及资本市场投资的影响。

1.3 相关概念界定

1.3.1 战略性新兴产业

目前国内关于战略性新兴产业概念的界定并不完全一致,本节结合相关学者的研究以及政府部门的报告,为本书所研究的战略性新兴产业给出如下定义,即以重大技术突破和重大发展需求为基础,对经济社会全局和长远发展具有重大引领带动作用,知识技术密集、物质资源消耗少、成长潜力大、综合效益好的产业[113]。综上所述,对战略性新兴产业的特征界定可以有以下几种。

(1)战略性。战略性主要指在产业发展到成熟阶段后,不仅能够通过促进结构调整来拉动经济的增长,而且对民生、环境具有显著的贡献,高度体现了国家意志。战略性的内涵可以从全局性、长远性、导向性和动态性这四大特征上体现[114]。全局性体现在两方面：一是对经济发展的贡献,表现为关系到国家命脉和产业安全,能够促进国民经济发展与产业结构转换；二是对社会发展的贡献,表现为能够增加就业机会,广泛提高人民的收入水平和生活质量。长远性体现在：一是良好的长期效益；二是发展的可持续性,即具备资源低消耗的优良品质,符合低碳的环保理念。导向性是指战略性新兴产业的选择具有信号作用。动态性指战略性新兴产业发展能够根据时间和空间作出调整。

（2）新兴性。顾名思义,战略性新兴产业是技术层次尚在萌芽阶段,符合长期经济发展趋势,并在未来具有较强竞争力的产业群聚。具体而言,可将新兴性的内涵理解为四点,即创新性、需求性、成长性和盈利性。创新性是指技术和商业模式的创新。需求性是指产品具有稳定且前景可观的市场需求。成长性是指新兴产业具有巨大的发展空间。这种发展空间体现在两个方面：一是能够迅速吸纳先进技术,实现较高的增长率,以成为未来的支柱产业；二是能够对经济发展产生较强的带动作用,甚至推动新一轮产业革命的发生。盈利性则是指具有良好的技术经济效益和长期盈利特征。

1.3.2 金融支持效率

金融是一国经济的核心,学术界关于金融相关问题的研究主要从宏观层面探讨金融发展和经济增长问题、从产业层面讨论产业发展中的金融支持问题,以及从微观层面研究企业的融资支持等问题。本书涉及的方向主要为产业层面的金融支持问题以及微观层面的企业融资问题,深入研究战略性新兴产业发展过程中的金融支持。对于金融支持的概念界定,国内外的学者们目前还没有一个统一的结论。金融支持指的是金融体系以资本供给为手段,在产业乃至社会经济发展中起到不可替代的作用。本书将金融支持的概念界定为：为了促进产业发展而采取的一系列方法,其中包括政府发布的相关产业政策和优惠举措,金融中介机构和资本市场等针对性地进行资本支持等很多方面。战略性新兴产业的特性决定其需要多路径的金融支持与完善的金融支持体系。因此,本书从不同金融路径的角度出发,将金融支持路径界定为股权支持、债务支持及政策性金融支持等方面,主要涉及的金融支持主体有政府部门、银行、其他非银行类金融机构及企业自身。通过不同的金融支持路径,金融支持体系把金融资源投入战略性新兴企业以期满足企业的资金需求,从而促进战略性新兴产业的发展。

通过上文的文献梳理和概念界定,本书将战略性新兴产业金融支持效率定义为归属于战略性新兴产业的微观经济主体,为企业的持续发展与生产的正常运营融通资金所实现的效用,从而实现整个社会资源配置的优化与资金利用效率的提高。在金融支持企业的资金融通过程中,包含着资金的进入与输出,不仅包含投入资金的来源,还包含投入资金的运用。而从狭义的角度来讲,金融支持是指一个公司筹集资金的过程,即企业根据长远规划目标以及现实发展需求,通过一定的途径和方式向投资者筹措资金的行为[115]。本书主要是从狭义的角度,即资金投入来源的角度去研究战略性新兴产业的金融支持效率问题。

企业筹措资金的途径主要包括外部融资与内部融资,外部融资主要包括债权融资和股权融资,而内部融资则主要源于公司内部通过正常经营活动产生收入的现金流入。由于内部融资主要与企业个体本身的发展战略有关,而与整个产业金融支持体系关系不大,因此本书只对企业的外部融资作深入探讨和分析。我国目前的金融制度主要是由以银行为主的间接融资机构、以股票市场为代表的直接融资机构,以及对市场金融行为进行管理与监督的监管机构组成,每种类型的融资方式与金融中介服务机构都为金融支持效率的提高提供了极大的便利,但公司采取不同的融资方式却会对公司的治理与发展产生不同的影响,因为两者具有不一样的控制方式,对金融支持效率的影响自然也各不相同[22]。

1.3.3 技术创新效率

熊比特(Schumpeter)[116]是提出"创新"概念的第一人,他将其定义为向生产体系中引入一种由新的生产条件和生产要素组成的结合,具体包括五种情况:新生产方式的引入、产品的引入、新市场的开拓、新的组织形式以及新的原材料或者半成品的获得。20世纪60年代,Rostow[117]将创新的含义聚焦到技术创新上,很大程度上提高了技术创新在创新含义中的地位。技术创新包括新技术的开发或者对现有技术的改进,技术创新的整个流程涵盖提出新想法、研究、开发、生产和推广等一系列环节,因此,技术创新涵盖了创新投入、创新产出以及创新效率三方面内容。在投入阶段,企业需要投入大量的人力、物力及财力,产出阶段包括了专利的形成与产业化,创新效率则表现为整个过程中资源的使用效率。

西方学者关于技术创新效率的论述分为两种:新古典经济学中的效率和现代经济理论中的效率。新古典经济学将技术创新效率定义为一种资源配置达到帕累托最优的状态。在资源约束与技术水平一定的前提下,产出的扩大必须基于提高某种创新要素的投入或降低其他技术创新产出,否则将无法达到帕累托最优状态。Farrell[118]开创了现代企业效率的评价方法,认为企业总经济效率包含两部分,一部分是配置效率(allocative efficiency,AE),另一部分是技术效率(technical efficiency,TE),前者表示既定投入水平下获得最大产出的能力,后者表示既定技术和生产条件下使用最佳投入比例的能力。他将技术效率定义为基于不变的市场价格和生产技术的前提,根据一定的要素投入比例生产相应数量产品所花费的最小成本(CL)占实际成本(CS)的比重,即:

$$TE = (CL/CS) \times 100\% \tag{1-1}$$

2004年,国内学者高建第一次全面地对技术创新效率作出了定义,在这一领域为学者们提供了研究参考。而目前广受认可的定义则来自池仁勇等[119]：技术创新效率即将创新资源投入转变成一种具有价值的产出的效率。本书借鉴池仁勇等的界定，对技术创新效率作出如下界定：技术创新效率指的是从投入创新资源到获得创新产出这一过程中资源的转化效率，在既定投入下提高产出或者在既定产出下减少投入均可以提高技术创新效率。本书选取了与战略性新兴产业技术创新相关的投入产出指标，通过测度得出各企业的技术创新效率，进而反映战略性新兴产业整体的技术创新效率。

1.4 本书框架与主要内容

1.4.1 本书框架

图1-1显示了本书的总体研究框架。

1.4.2 主要内容

本书研究分为以下六个部分，主要内容如下。

第一章是绪论。涉及内容涵盖了本书的研究背景与研究意义，对国内外关于金融支持、技术创新、金融支持对战略性新兴产业技术创新的影响等方面的文献进行了梳理，在此基础上进行相关概念界定。

第二章是战略性新兴产业金融支持及技术创新理论介绍。从理论上分析金融支持对战略性新兴产业技术创新的影响，离不开技术创新理论、金融支持理论及资本配置理论等相关理论。投资与技术创新之间相互影响，但"流动性约束"与"信息不对称"等问题的存在，引发金融资源错配，使企业家创新动力受到影响。通过金融资源理论与资本配置理论，我们可以更深入地了解金融支持对战略性新兴产业技术创新效率的影响。

第三章是我国战略性新兴产业金融支持及技术创新现状分析。首先从产业结构、产值、从业人员三个方面阐述了战略性新兴产业现

金融支持对战略性新兴产业技术创新的影响研究

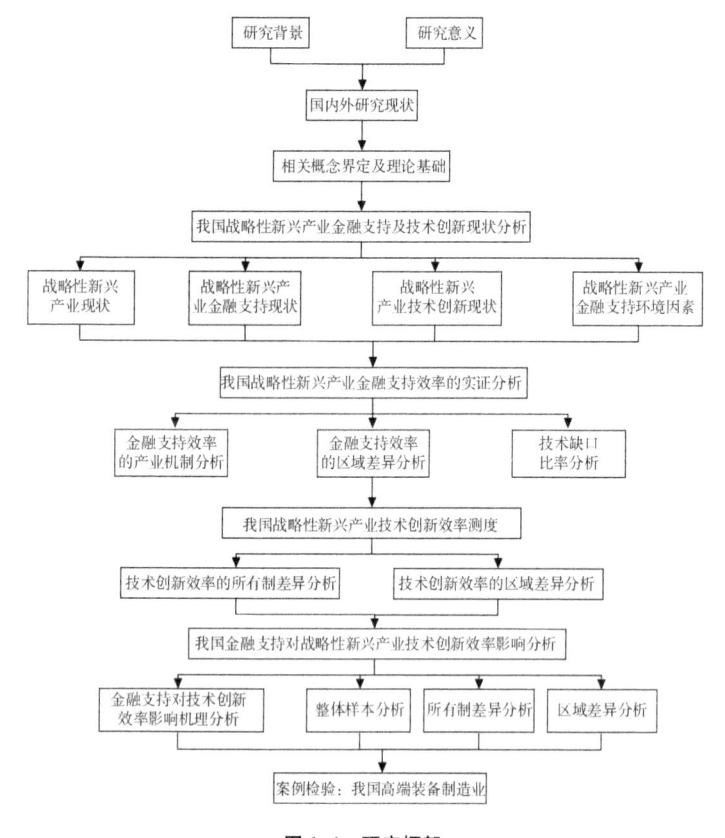

图 1-1　研究框架

状。其次，从金融扶持政策、投资总量、融资方式、融资结构方面分析了战略性新兴产业的金融支持现状，揭示战略性新兴产业所处的投融资环境。再次，从技术创新的投入和产出两个角度阐述了战略性新兴产业的技术创新现状。最后，从工业发展水平、资源禀赋、金融中介发展水平等角度分析了我国战略性新兴产业金融支持的环境因素。

第四章是发达国家战略性新兴产业融资经验借鉴。通过分析美国与德国的新能源产业、日本新能源汽车产业的融资机制、融资政策,为我国制定战略性新兴产业金融支持策略提供参考。

第五章为我国战略性新兴产业金融支持效率的实证分析。通过深入研究金融支持产业发展的机制,构建了金融支持投入与产出指标体系,并选取我国 105 家战略性新兴产业上市公司作为样本,按照其注册地归属划分东中西部区域,基于 2012 年第一季度至 2018 年第四季度共计 28 个季度的面板数据,构建 Meta-frontier 模型(共同前沿模型)对我国东中西部战略性新兴产业金融支持效率进行评价。

第六章为我国战略性新兴产业技术创新效率的测度。构建了战略性新兴产业技术创新的投入产出指标体系,运用超效率 DEA 模型测度企业技术创新效率,为下一章实证研究作准备,并从产业整体、分国有企业和非国有企业、分不同地区企业角度进行分析,分别研究了不同所有制企业和不同地区企业技术创新效率水平。

第七章为我国金融支持对战略性新兴产业技术创新效率影响的实证分析。基于 2011—2018 年我国 A 股战略性新兴产业上市公司的面板数据,将第六章中对样本企业技术创新效率的测度结果作为被解释变量,选取相关控制变量进行实证回归。首先,对总体样本进行回归,从整体上考察金融支持对战略性新兴产业技术创新效率的影响。其次,进一步将样本进行分类,考察金融支持对战略性新兴产业技术创新效率影响的所有制差异和地区差异。

第八章为金融支持对我国高端装备制造业技术创新影响的实证分析。基于 2009—2016 年我国 28 个省、自治区、直辖市高端装备制造业(宁夏、青海、西藏、香港、澳门和台湾数据除外,全书同)的面板数据,对政府支持与高端装备制造业研发效率进行回归分析。先对总体样本进行回归,从整体上考察政府财政支持对高端装备制造业技术创新效率的影响。然后,进一步将样本进行分类,考察政府财政支持对高端装备制造业技术创新效率影响的地区差异。

第九章是结论与建议。对本书涉及的研究结论进行了总结,并提出相关的政策建议。

1.4.3 主要创新点

（1）已有的关于战略性新兴产业的研究大多是从国家宏观层面或者从整个行业角度出发，而对区域战略性新兴产业金融支持方面的研究比较缺乏，对我国东中西部战略性新兴产业金融支持效率差异的相关研究更是阙如，Meta-frontier 模型过去主要被运用在能源消耗与碳排放效率的评价上，本书首次将其引入对东中西部战略性新兴产业的金融支持效率研究中，丰富了区域战略性新兴产业的金融支持理论。

（2）目前尚没有文献针对战略性新兴产业领域的金融支持与技术创新的关系展开深入研究。本书探究金融支持对战略性新兴产业技术创新效率的影响机制以及影响效应，且从战略性新兴产业企业的所有制差异和地区差异角度出发，比较分析了国有企业和非国有企业、东部和中西部地区企业金融支持对技术创新效率的影响，并以我国高端装备制造业为例，实证分析了金融支持对其技术创新的影响。

2 理论基础

战略性新兴产业是典型的技术密集型产业,技术创新在产业发展中占据着重要地位,而技术创新需要金融支持。金融资源在战略性新兴产业内部合理的配置,将极大地提高战略性新兴产业的技术创新效率。因此从理论上分析金融支持对战略性新兴产业技术创新的影响,离不开技术创新理论、金融支持理论及资本配置理论。投资与技术创新相互影响,但"流动性约束"与"信息不对称"等问题的存在,引发金融资源错配,使企业家创新动力受到影响。通过梳理金融资源理论与资本配置理论,我们可以更深入地了解金融支持对战略性新兴产业技术创新效率的影响。

2.1 主导产业理论

1. 主导产业

主导产业是指那些基于科技要素创造出新的生产函数,激活其他生产要素的活力,使该产业获得"复合比例"的增长速度,有效带动上游相关产业发展、推动下游相关产业发展、引领产业升级方向,甚至主导未来产业发展结构的产业或产业集群。尽管国内学界从不同的研究角度对主导产业进行定义,但对主导产业的基本内涵理解是比较统一的,基本上都认为主导产业的内涵包括了高增长速度、新技术的应用以及在产业升级过程中的导向作用。从经济发展史角度分析,在一些国家的经济起飞历程中,主导产业发挥了重要的作用。首先,主导产业引入创新并创造新的市场需求,从而表现出良好发展前景;其次,主导产业的前瞻效应、回顾效应和旁侧效应使其具有扩散与关联效应,带动了其他产业发展;最后,随着经济发展要素和生产力要素的更新,主导产业自身不断更替,产业结构序列不断高级化。

2. 战略产业

战略产业是指一国基于自身经济技术发展水平、现有的产业基础,以及对未来全球产业布局的定位而选取的能够实现产业结构升级、经济发展方式转变的具体产业部门。需要强调的是,并不是所有的战略产业都有机会发展成为主导产业。战略产业一般包括基础产业和支柱产业以及未来可能成为主导产业的产业。基础产业对其上下游产业的长远发展有重要影响;支柱产业是当前和未来经济总量和国民收入的主要来源,能够促进经济增长并将社会发展稳定在一定增长水平上,是国民经济中的支柱。关系国家与民族长远利益的产业,如粮食、能源、基础设施、军工和高科技产业等受战略产业发展的影响极大。因此,国家通过产业政策对战略产业进行重点支持,引导社会资本大规模投入,使其能够在短期内具备一定的产业发展基础,快速增强产业的供需能力,在全球产业布局中提高本国产业的地位。当前国际经济环境瞬息万变,各国均加大了对经济新引擎的培育投入,发展战略产业有利于实现经济突围,在此形势下国家产业政策的支持有极强的导向作用。

2.2 技术创新理论

熊彼特最先将"创新"引入经济学领域,其在 1912 年的代表作《经济发展理论》中提出以一种前所未有的方式对生产要素和生产条件进行组合所形成的生产体系即技术创新,并建立了以创新为焦点的经济发展理论体系。这种"创新"包括五类情况:一是产品的优化创新,也就是说,在生产上注重生产新产品;二是生产理念和生产方式的创新,也就是生产期间对生产工艺、流程等进行优化创新;三是市场创新,也就是说要注重不断开发新的产品销售市场,以现有的市场为基础,扩展市场销售渠道;四是从原产品供应的来源方面进行渠道的扩展;五是管理创新,可以理解为在企业生产经营期间通过新型管理理念来展开管理工作。所以,创新理论的发展逐步形成以下两个分支,即侧重于技术改革的技术创新和侧重于制度改革的制度创新[120]。

本书对战略性新兴产业的研究侧重于技术创新。技术创新的主要诉求就是要获取直接的经济利益,进而获取间接的社会与生态利益,它涵盖企业层面的技术创新、产业层面的技术创新以及国家层面的技术创新[121]。本书研究的是产业层面的技术创新。目前国内学者对战略性新兴产业做了较多研究,普遍认为我国战略性新兴产业发展不均衡。九大产业处于不同的产业成长阶段,总体处于形成、成长阶段,呈现出不同的发展特征和创新需求。新能源汽车、数字创意、节能环保产业处于形成阶段,技术研发活动处于高速成长期。产业创新活跃,但需要投入大量的资金、人力、物力进行研发,而研发还未能转化为生产力,不能大规模、产业化地发展,致使研发成本高却不能带来可观的经济收益。这个阶段产业内企业多为一些小规模企业,产量小、利润低,导致企业研发压力更大。而且该阶段创新面临的不确定性最大,创新成果尚未可知,一旦失败,前期的投入都会作废。其他产业的发展处于成长阶段,典型代表有新一代信息技术产业、新材料产业、高端装备制造业。这些企业已初具规模,市场已进一步打开,企业的资本有所积累,而且融资渠道相对多元化,企业技术水平有所提高,已具有相对成熟的经验。此时技术创新对企业的发展起着重要作用,技术效率的高低直接决定企业的成长速度与长远发展,在这个阶段,哪个企业取得技术突破,便会获得巨大的经济效益,提高自身的竞争力,有望在产业内成为龙头,扩大企业规模。就市场而言,此时进入该产业的企业会迅速增多,相关领域科研活动也会随之增多,新进入者带动产业创新更加活跃。与此同时,一些较大规模企业的创新投入趋于稳定。

2.3 金融支持理论

2.3.1 金融结构理论

国内外的金融理论,大多关注金融对产业发展和经济增长的作用,而较少研究金融对战略性新兴产业成长的作用。金融发展理论阐释了金融发展与经济发展的因果关系,并分析了各种金融变量的变化、金融制度的变革对经济发展的长期影响,在此基础上提出发展中国家的金融发展政策,以促进经济增长。为了阐述金融支持战略性新兴产业成长的宏观理论基础,本节将金融发展理论作为金融支持的相关理论之一。经济与金融结构相互关联,经济决定金融结构;同时,在金融化水平较高时,金融结构将反作用于经济[122]。具体的反作用形式有:第一,通过提高储蓄和投资的总水平,使得储蓄与投资职能分离,从两方面共同促进经济增长;第二,通过提高资源配置效率,即对社会资金进行重新分配,边际收益率得到提高,带动了经济增长。所以,发达的金融体系能够渗透到经济活动的各个领域,加快经济发展的速度。收入、储蓄、投资三者之间的转化是金融结构合理完善的体现,能够提高配置效率,平衡总供需,促进优势产业发展和经济增长。

2.3.2 金融深化理论

发展中国家普遍存在资本市场不健全、金融体系不完善和政府对金融过度干预的现象,McKinnon[123]和 Shaw[124]针对此现象提出了金融深化理论。在金融抑制情境下,货币化程度低下,金融机构之间缺乏完善的竞争机制,金融产品单一化,吸引不到储蓄和投资,从而使得社会资金短缺,资金使用效率低下[125]。此时要解决金融制度与经济发展出现的困难,唯有推进金融深化,实行金融深化将使良性互动出现在金融制度与经济发展之间。一方面,金融深化强调金融政策对储蓄的影响,有研究表明,金融体制的改革能大大提高储蓄率,而储蓄率影响资金流向,高储蓄率引导资金流向生产部门,推动经济发展;另一方面,经济的发展提高了居民的收入,增加了社会闲散资金,资金需求旺盛的金融体系得到更多的资金,金融业从而得到了发展。

2.3.3 金融中介理论

在市场经济中,金融中介是储蓄-投资转化过程的基础制度安排。金融中介理论分为旧论与新论。旧论主要是解释金融中介的职能以及金融中介与经济发展的关系。McKinnon认为发展中国家的金融抑制是造成这些国家的资本积累、技术进步与经济增长均缓慢的主要原因,金融受抑制的发展中国家应提高实际利率,使利率能真实地反映资金的供给和需求现状以及稀缺性,从而促进金融和经济的健康发展。Shaw认为导致发展中国家广泛存在金融抑制的根源是货币财富观,提高实际利率,能够提高居民的储蓄意愿和储蓄率,而储蓄的增加使得金融中介贷款能力增强,社会投资增加。这样,金融中介在储蓄者和投资者之间的活动变得更加频繁,储蓄者的实际收益得到提高,投资者的实际成本得以降低。

新论是解释金融中介为什么存在的理论,以信息经济学和交易成本经济学作为分析工具。Shaw侧重于交易成本角度,认为金融中介利用其规模效应来平摊资产评估的固定成本,大大降低金融交易成本。金融中介机构也扮演着生产企业信息专家的角色,来分辨信贷风险的高低,以解决信息不对称问题。

2.3.4 金融约束理论

发展中国家金融自由化的结果一度令人失望,托马斯·赫尔曼、凯文·穆尔多克、约瑟夫·斯蒂格里茨等人在金融中介理论的基础上,提出了强调政府干预的金融约束理论。由于瓦尔拉斯均衡条件一般难以满足,经济中普遍存在的信息不对称,使得资金难以得到有效配置,此时政府十分有必要对市场进行适当干预。金融约束理论就是政府通过实施一系列金融约束政策或采取间接控制机制,促进金融业又快又健康地发展,从而推动经济快速增长。一般来说,政府通过控制存贷款利率、限制市场准入以及市场竞争等金融约束手段,以影响租金在金融部门和生产部门之间的分配,达到维护金融稳定、促进经济发展的目的。金融约束理论隐含的前提是政府可以有效地管理金融业,而事实上政府失灵问题同样严重,政府过多参与反而会阻碍金融市场的发展,因此金融约束论的现实意义很有限。但是金融约束政策在特定条件下的确能够对金融业发展和经济增长起到积极推动作用,因此金融约束政策只能是市场的补充而不能取代市场。

2.3.5 交互式金融支持理论

金融支持按照金融资源供给主体的不同可以划分为市场性的金融支持和政策性的金融支持,按照金融资源来源渠道的不同可以划分为直接金融支持和间接金融支持。交互式金融支持即通过以上两两结合形成四个类别的金融支持路径:政策性直接金融支持、政策性间接金融支持、市场性直接金融支持以及市场性间接金融支持。市场性直接金融支持是指通过多层次的资本市场提供资金支持,充分发挥主板、中小板、创业板、风险投资等市场的融资功能,为产业的发展提供多层次的融资体系。市场性间接金融支持指商业性金融中介机构为产业提供金融支持,充分发挥商业银行等金融中介机构对于产业培育、发展和升级的促进作用。政策性直接金融支持主要是指政府通过财政补贴、创业投资基金等方式支持产业的发展,其中财政补贴是政策性直接金融支持的重要表现形式。政策性间接金融支持是指通过政策性的金融机构,为产业提供政策信贷以及财政专项基金等金融服务,从而充分发挥政策性金融机构融资中介的作用。

2.4 产融结合理论

从世界各国的经济发展历程来看,由于资源的稀缺性,在发展初期,国家应集中有限的资源优先用于发展效益高或利润最大的产业,并使其逐渐成长为主导产业,并通过产业的集聚效应,辐射和带动其他相关产业发展,形成区域竞争优势,从而促进经济发展。

2.4.1 金融与产业相互作用机制分析

现代产业的发展、转型升级与金融资源的配置和运用密切相关,产业和金融协同创新发展是实现经济高质量发展的现实选择。产业发展是经济金融发展的核心,金融发展促进产业持续健康发展。一方面,金融支持可以促进产业发展,体现在政策性金融和商业性金融可以促进资本形成、信息揭示和风险分散,通过整合优化相关产业资源,克服金融"脱实向虚"的各种影响,制定相关产业政策促进产业发展;另一方面,金融的健康良性发展,离不开实体经济和相关产业的持续发展。如果金融业脱离了实体经济,金融过度创新,市场上的投机行为将产生巨大的金融资产泡沫,从而可能引发区域性的金融风险乃至金融危机。因此,产业在发展过程中与金融要素资源有效结合,可以使产业与金融协同发展,走产融结合的道路,促进金融不断深化和产业结构持续优化升级。

产业和金融协同发展以产业和相关产业链为基础平台,将金融资本和金融支持工具作为一种生产要素资源投入产业生产和发展过程中,发挥金融资源的杠杆作用,优化整合金融和产业资源。在控制产业风险的基础上,将金融资源资本化,可为产业发展提供所需的资金支持,实现资金效率的提高和产业价值增值。产业与金融协同的实质是产业资本与金融资本的有机结合,通过金融支持手段提升产业价值并推动产业的发展,而其基本作用机制来源于金融和产业之间的相互关系。当金融发展滞后于产业发展时,会出现金融抑制情况;而当金融发展快于产业发展时,会出现金融创新过度现象。只有当产业和金融协同发展时,金融才能通过资金融通、资源优化、价值增殖等促进产业发展,产业发展也能促进金融资源合理配置和融资体系的进一步完善。

2.4.2　金融支持产业发展机理与要素分析

产业的发展和壮大对国家或地区经济高质量发展具有重要意义，而金融体系的有效支持能够更好地促进产业发展。本节从产业金融视角分析战略性新兴产业发展的金融支持机制。从金融视角分析产业中的金融因素：一是金融规模因素，金融规模的扩大是产业资本形成的基础，能够有效地集中资金要素，促进产业发展和资源整合；二是金融结构因素，金融结构的优化可以提高银行储蓄转化为投资资金的效率，并通过信用扩张机制扩大货币供给量；三是金融效率因素，金融效率的提高具有投资增量效应与资本导向效应，能够在金融的竞争机制和引导机制下，将金融资源分配到资本边际效率高的产业。从产业视角来看，根据比较优势演化理论和产业关联度原则，产业发展的金融支持体现在两个方面：一是金融支持产业发展，必须先进行优质产业的选择；二是优化产业结构，促进产业结构向合理化和高级化演进。对于战略性新兴产业而言，金融支持的重要作用是实现要素资源的优化配置，即资本、人才和技术等要素按照各自价值最大化来参与配置。金融规模的增长作为产业发展的基础，对产业的发展具有重要意义；金融结构的优化有利于将金融要素资源演变为促进产业快速发展的资金供给，在产业升级转化机制中具有核心地位；金融效率的提升间接决定了产业发展的金融支持效应，是整个金融支持体系的重要保障。

战略性新兴产业与金融支持之间的关系是相辅相成的。一方面，金融资本支持对产业发展具有重要推动作用，其对产业的贡献贯穿于战略性新兴产业的研发、生产、销售等环节，通过多种融资方式为产业发展提供资金，满足产业发展的资金需求，主要表现为提供资金供给、分散发展风险、提供金融服务等方面；另一方面，战略性新兴产业的发展能够进一步完善金融支持体系，作为创新主导型产业，其发展壮大能够提高整体科技实力，聚集要素资源，优化融资方式，主要体现在提高投资收益、刺激和带动金融需求、诱发金融创新等方面。

2.5　投资与技术创新不可分割理论

麦金农(Ronald Mckinnon)在1973年提出金融深化与经济增长相互影响的理论体系,深入分析了发展中国家普遍存在的"金融抑制"现象,从而提出了走金融自由化道路的主张。他认为金融体系对经济增长的促进作用主要通过两个渠道实现,即前期资本的积累和后期技术的创新。麦金农还分析了金融市场与技术创新的关系,他认为金融与技术创新之间是相互促进、相互影响、不可分割的。技术创新需要金融市场为其提供资金和服务,金融体系的完善又促进了技术创新。

投资与技术创新不可分割理论强调了金融资本融通促进了企业家技术创新的行为。除少数企业家拥有充足的资金,可以独立承担科技创新的资金投入外,大多数企业家由于研发资金的不足,容易陷入"低水平均衡",难以实施技术改进。所谓"低水平均衡"是指企业在缺少资金的情况下难以进行技术改进,从而导致技术落后。而技术落后又会反过来影响企业经营状况和收益水平,使企业自有现金流进一步减少,无法获得技术改进需要的资金,从而陷入一种技术水平低的循环。金融的作用就是打破这种循环,缺乏资金的企业或国家可以借助金融的支持作用改进技术而进入高水平行列。麦金农认为金融市场及金融中介可以通过多种方式动员社会资金,使闲置资金得到利用。随着金融创新的发展,金融市场及金融中介可以实现改善资源配置、推动技术革新的目的。

发展较为健全、资本市场自由化程度高的金融体系可以为科技创新提供规避风险的金融工具,同时降低资金供给者的信息获取成本,消除资金供求双方的信息不对称。金融体系的支持对科技创新起到了十分关键的作用。企业技术改进的资金投入体现在研发投入上,企业技术创新离不开金融的支持。科技金融可以从两方面来缓解企业融资约束,促进企业R&D投入。一方面,科技金融的发展可以将社会闲散资金加以利用并投入企业技术创新;另一方面,政府提供的科技金融补贴直接为企业注入资金。

2.6 "流动性约束"理论

"流动性约束"理论又被称为信贷约束理论,是指如果潜在创新的企业家无法从金融市场获得必要的启动资金,那么企业创新者就会因缺乏必要的资金而减少创新活动。Brown 等[126]继续发展了金融约束性理论,他们认为很多潜在的企业家由于缺乏相当的资金支持而被排除在创新大门之外,这就使得在企业创新时有无自有资金成为创新成败之关键。因此,由于存在这种获取资金困难的"信贷约束"现象,再加上如果企业家再没有相当的自有财富来支持,那么创新对他们来说犹如天方夜谭。后来,Khanna 和 Palepu[127]在 Brown 等理论的基础上又实证研究了信贷约束对企业家进行创新的抑制作用。

模型假设如下:企业家收入为 $y=ak^\beta$,其中 β 表示企业家的潜在能力,k 代表资本投入,$\beta\in(0,1)$。企业家收入由三部分构成:自己的收入 y,个人起初财富扣除借用资本应付的利息,那么企业家收入 $Y=y+\theta(z-k)$,其中 θ 表示 1 加利息率,z 表示企业家个人拥有的财富,$\theta(z-k)$ 表示企业家应支付的利息;雇员收入为 $s+\theta z$。很明显只有当企业家的收入大于雇员的收入时,即 $\max\{y+\theta(z-k)\}>s+\theta z$,企业家才有动力去创业。

根据以上假定,可能有两种结果。(1)当不存在流动性约束时,市场资源得到有效的配置(帕累托最优),不管是企业家还是个人,都能按照自己的能力获得想要的资金,这时企业家也就有十足的动力进行创新活动。因为只要企业家个人能力 β 较强时,创新就能给企业家带来更大的收益,也就会满足上式的条件。(2)当存在流动性约束时,假定企业家只能按照自己一定的收入 z_z 的比例来获取贷款,假设该比例为 $(\delta-1)$,其中 δ 大于 1,因而企业家资金变为自有资

金 z 加上一定贷款比例$(\delta-1)z$,即$(\delta-1)z+z=\delta z$。总投资额 k 不能大于企业家所拥有的财富,$k\in(0,\delta z)$。当企业家投入最多的资金 $k=\delta z$ 时,此时企业家的收益为 $Y(\delta z)=\alpha(\delta z)\beta+\theta z(1-\delta)$,而当 Y 对 z 的导数为 0 时,可得出最优投资为 $k=(\alpha\beta/\theta)(1-1/\beta)$,因而如果按照 $k=\delta z$,则会减少企业家的利润,也即只有当企业家的利润 δz 大于雇员的利益 $s+\theta z$,企业家才会选择去创新。Khanna 和 Palepu 的理论模型说明金融体系的不完善会导致流动性约束现象的发生,而这种问题又会进一步约束那些具有潜在企业家才能的人,进一步降低企业家创新的可能性。这样,企业家创新的动力会因为融资约束的问题而逐渐消失殆尽。由此可见,完善的金融体系能够有效地消除流动性约束等问题,这样企业家才能有更充足的空间来发挥自己所长,创新局面才会打开。

2.7 市场失灵理论

在现实生活中,市场不可能是完全竞争的,这导致市场的资源配置无法达到帕累托最优水平,市场调节的失灵是经济运行的常态,市场存在自身的局限性。

2.7.1 "信息不对称"与"柠檬市场"

信息不对称指的是各类人员在市场经济活动中掌握到的信息是存在差异的,有信息优势的人会比其他人在非对称信息博弈中占据更有利的位置,因此,信息不对称理论主要研究经济活动中的参与方如何依靠信息采取行动,而处于信息劣势地位的一方主体应该以何种方式弥补自身的不足,以减少与信息优势方博弈而造成的损失。一般来说,信息优势方更趋向于利用信息优势做出利己选择,容易产生道德风险问题,而处于信息劣势地位的参与方则会出现逆向选择行为,即提高契约成本以降低风险。参与双方的这两种行为不利于金融资源的有效配置,容易造成市场失灵,需要第三方的适当干预以调整市场运行状况。以企业创新投资为例,经营者相对于投资者来说,处于信息优势地位,对于项目运转和企业财务状况有更详细的信息储备,在与投资者订立借款合约后可能出现项目资金运用不到位或者项目进度不达标的情况,而投资者考虑到潜在风险,将提高借款利率以弥补损失,企业融资成本上升,不利于开展创新研发活动。

柠檬问题最早是由美国加州大学伯克利分校的阿克洛夫在他发表于《经济学季刊》上的一篇论文《"柠檬"市场:质量的不确定性和市场机制》中提出的。在美国,"柠檬"一词有"次品"的意思。学者通过二手汽车市场的交易问题生动地解释了柠檬理论。在汽车的二手交易市场有质量较好的二手车,也有许多"次品",旧车的卖方对汽车的性能和质量非常了解,而买方却对汽车的真实情况不知情,也就是说,买卖双方所掌握的信息是不对称的。卖方知道自己所持有的汽车质量不好,为了将"次品"卖出,给出的售价也相对较低;而准备将"好车"出售的车主所标出的价格也比较高。在这种情境下,买方并没有掌握旧车市场的完整信息,出于减轻不确定性引发的风险的目的,他们更倾向于支付较低的价格。这就使得旧车市场中的"次品"汽车销售火爆,而那些质量上乘的二手车反而因为没有合适的买方愿意支付相对较高的价格而无法交易。如果这种情况一直延续下去,高质量的汽车就会渐渐被市场淘汰,而"次品"将充斥整个交易市场。由此,柠檬市场最终形成。上述现象被学界称为逆向选择效应,即由于买卖双方所掌握的信息存在严重的不对称性,市场中的"次品"更容易卖出去,而更优质的商品反而销售困难[128]。

战略性新兴产业引领科技创新和未来产业发展潮流,处于战略性新兴产业中的企业迫切需要提高创新能力。但研发活动具有长周期性、高投入性,研发成果具有高度不确定性,加之"柠檬问题"的存在,为战略性新兴产业企业的研发活动带来了巨大的影响。政府为了促进战略性新兴产业创新发展,提高企业综合效益,推动地区经济健康发展,特向战略性新兴产业企业进行财政补贴和实施税收优惠,以弥补企业研发成本并提升企业研发积极性。但是,由于政府只能从企业的公告、财务报表等渠道获取企业的部分经营和研发信息,不能完全了解高新技术企业的真实运营情况,因此处于掌握信息的劣势方。财税政策的初衷是希望激励企业创新,提升企业的竞争能力、获利能力和经营绩效,从而带动地区经济发展。但信息不对称的出现,使政府不得不考虑财税政策的实际激励效果。

2.7.2 研发活动的外部性

外部性理论最早是由经济学家马歇尔提出的,它是指某一个经济主体在开展经济活动时,对他人和社会造成的非市场化的影响。外部性包括正外部性和负外部性。正外部性是指某个主体的行为使他人或者社会获得好处,而获得好处的一方并不需要为此付出代价;负外部性是指某个主体的行为给他人或者社会造成了损失,而造成损失的一方也并没有为此付出代价。

战略性新兴产业大多为一些高技术产业,创新是其发展的内生动力,这就要求战略性新兴产业研发水平高,研发投入大,其中就会涉及研发活动的外部性。研发活动是高风险的,企业在进行研发创新时,需要考虑很多因素,需要大量的人才、时间、资金的投入,但如果结果失败,则一切都付之东流。尤其是战略性新兴产业,其代表着目前世界上最尖端的技术发展,对研发能力、资金投入都有很高的要求,研发周期也更长,同样,面临的风险也更大。

另外,研发创新具有公共性的特征,就是创新收益很容易被其他企业获取。这种"搭便车"的现象,使企业难以将其创新成果完全为己所有。这样,企业的收益与整个产业的收益发生背离,企业研发成本与整个产业成本偏离,最终会削弱企业的研发投入积极性。这些都是市场失灵的表现,需要政府介入,通过税收支持来鼓励企业研发投入,出台相关政策保护企业的研发成果,避免因为市场的缺陷、技术外溢造成企业研发投入力度不足,或者企业因为研发带来损失。

2.7.3 协调失灵

战略性新兴产业的发展是实现我国经济高质量发展的必然要求,其中高质量的含义有绿色、可持续之意。所以发展新能源、环境保护产业成为题中之义。然而这些产业天然带有"公益"属性,具有公共物品的特质,单靠市场的调节,无法满足这类产业的快速发展。战略性新兴产业与传统产业不同,它的发展往往不是靠单一部门或者一项技术就可完成,需要多方的合作,这就可能需要地区之间、不同行业之间的合作。合作会带来一些因利益产生的分歧,这体现在产业之间与地区之间。战略性新兴产业的发展会需要借助传统产业的现有技术和其相对成熟的生产能力。但一些传统产业,尤其是一些现有的大型传统企业,它们会形成垄断,不愿意甚至排斥合作。区域之间的表现主要源于地方政府之间的竞争,鉴于战略性新兴产业的经济、社会效益,各地政府都响应号召,大力发展,但我们也能从中看出地方政府各自的资源优势不同,已然形成了不平衡的发展态势,加之利益的驱使,落后地区纷纷出台优惠力度很大的政策鼓励发展,发达地区利用现有优势形成垄断,地区之间对于资源的竞争日趋激烈。这些竞争、不合作的态势,单靠市场调节无法解决。

2.8 金融资源理论

2.8.1 金融资源的含义

根据已有的国内外研究发现,金融资源已经成为学术研究的一个重点课题,然而如何定义金融资源,理论界尚未有统一的看法。本书涉及的金融资源主要基于该理论的提出者白钦先和谭庆华[129]的观点。他们对于金融资源的定义是:"金融是一种资源,是一种有特殊战略地位的稀有资源,可以通过对金融资源进行有效配置来配置其他一切资源。"从定义中我们可以清晰地看到金融资源的特点:特殊性、战略性和稀缺性。金融资源和货币一样,有着自身作为资源(商品)的一般性和作为特殊资源(一般等价物)的特殊性。根据白钦先和谭庆华的金融资源理论,可以把金融资源分为以下三个密切关联的资源层次,见图2-1。

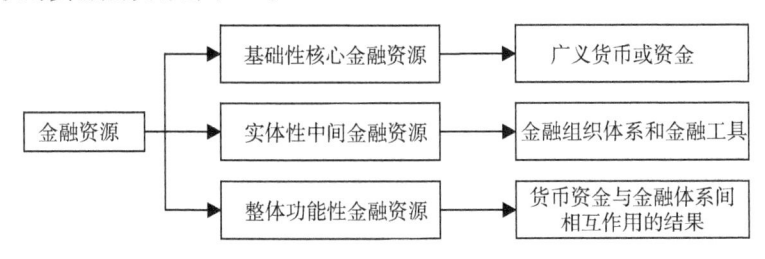

图 2-1 金融资源三大层次示意图

关于三层金融资源的解释展开如下。首先,货币资金是最基本的核心金融资源,主要有以下四个原因:(1)货币资金是金融活动的对象和先决条件;(2)货币资金的借贷和流动是金融活动最直接的形式;(3)货币资金是金融市场运行、金融机构运转的媒介和工具;(4)金融体系通过合理配置货币资金影响经济发展。

其次,金融组织体系和金融工具是金融资源的实体表现形式。金融组织体系主要指各类金融机构、金融市场和金融监管体系;金融工具则是传统货币市场、资本市场工具和金融衍生工具。这两者的存在不仅可以为货币资金(核心金融资源)的流动提供场所和载体,而且可以实现各种金融功能。

最后,关于整体功能性金融资源,可以这样理解,如果把核心金融资源和实体中间金融资源看作金融资源的"硬件",那么二者相互作用的结果就是两个"硬件"相互结合,形成可发挥最大作用的"软件"。只有货币资金与实体金融工具协调发展,才能发挥金融资源对经济发展的整体促进作用。

2.8.2 金融资源的性质

前文在介绍金融资源含义时已指出金融资源的特点即特殊性、战略性和稀缺性,金融资源有其独特的双重性质。

金融资源作为一般资源,首先有其自身的稀缺性。社会财富的积累决定了金融资源的数量,这是金融资源稀缺的根本原因所在,滥用或过度开发金融资源会导致经济社会的混乱。其次是其自身的用途多样。与其他资源一样,金融资源具有多种作用——它可以被政府和中央银行用来调节经济,也可以被企业和家庭用来购买生产生活资料或者进行投资。最后是金融资源的配置方式多样,每个金融市场参与者都可以根据金融资源的情况和个人偏好,自由选择其所拥有金融资源的分配方案。

金融资源作为一种特殊的资源而存在,最重要的一点是金融资源的战略性,金融资源可以通过自身的配置引导其他经济资源的配置,进而影响经济社会的发展。这种特殊的战略引导作用,让金融资源区别于其他经济资源,且备受重视。

2.8.3 金融资源的功能

白钦先认为可以通过发挥金融体系的功能促进经济社会发展,并对金融资源的功能重新进行了界定。

(1) 基础功能

基础功能主要分为服务功能和中介功能。服务功能是金融资源最基础的功能,主要是指金融资源为整个经济社会的正常运转提供便利,服务于经济活动,主要表现在:为消费提供途径,便于商品交易顺利进行,提供大宗商品跨国结算服务等。中介功能主要是指金融机构可以为资源富有者和资源需求者搭建互通有无的桥梁,进行资源的融通。究其本质,这种基础功能体现了早期金融对市场的依附状态。

（2）核心功能

金融资源的核心功能是指金融资源对其他资源的配置功能。这一功能主要由金融资源的特殊性决定，前文介绍金融资源属性时就有提及，金融资源可以通过自身的配置引导其他资源的配置，调节资源配置双方的盈缺，使经济资源流向高效部门，实现资源的优化配置。

（3）拓展功能

拓展功能主要包括经济调节、风险规避。经济调节主要指当金融资源的核心功能在资源配置中发挥作用时，金融资源在资源配置中占据主导地位，对于经济的调节更为快捷高效。风险规避功能主要体现在，利用金融工具（股票、基金、保单等）使金融市场参与者共同承担市场风险，达到分散风险的效果。

（4）衍生功能

衍生功能可以细分为两种功能：一是风险管理功能。这种功能具体表现为有效防范管理金融交易中存在的风险、规避信息传递时的道德风险和信息不对称带来的不良影响，以及防范在公司发展、治理过程中可能发生的经营管理风险等。二是宏观调节功能。主要包括对消费的引导、影响财富再分配以及对区域发展的调节作用。

2.9 资本配置理论

2.9.1 资本与资本配置

资本配置离不开对资本的探讨和理解，资本的内涵复杂而丰富，不同经济学家基于不同的出发点和角度，对"资本"的概念有不同的诠释。马克思主义经济学派认为，资本不是物质，而是社会关系，能够给所有者带来剩余价值；新古典经济学派则认为资本是生产资料，与劳动、土地等其他生产要素共同作用于社会生产，从而为资本所有者提供收益。两者均强调了资本的增殖性。根据现代经济学理论，资本是商品化、货币化的生产要素，其本质是内在于货币、固定资产、存货等物质载体的价值，价值增殖是资本的根本属性。出于对资本的量化研究，《中国统计年鉴》指出，资本是指单位获得的固定资本和存货总额减去处置的资本与存货后净额。

资本配置是所有者将有限的资本分配到不同需求领域的行为，资本配置的需要由其稀缺性和可选择性决定。资本的稀缺性是相对于社会需求的无限性而言的，它决定了合理配置资本以实现高效利用的必要性；资本的可选择性是指资本所有者有选择以不同方式和途径把资本投入回报率高的行业或地区，从而获得最大增值的自由，这保证了高效资本配置的可实现性。资本配置的合理与否决定了资本投入产出效率，从而影响社会财富的累积以及经济发展的稳定。

从一个国家范围来看，资本配置主要分为微观配置和宏观配置。微观配置以企业为对象，分别从企业内部资本配置和企业间资本配置两个层面考察。其中，企业内部的资本配置是指企业在生产过程中合理投入原材料、动力等资本要素以期获取最大产出，实现利润最大化的行为。企业间的资本配置是指在价值规律作用下，企业按照市场价值进行商品交易，通过企业间的竞争推动资本在流通中得到重新配置。

宏观资本配置是指从社会经济发展的战略全局出发，将有限资本配置到各地区、不同经济领域和行业。合理的宏观资本配置能够推动国民经济持续增长。经济发展的不均衡性决定了各地区或部门间的边际收益率存在差距，资本的逐利性推动资本从低回报领域流向高回报领域，呈现宏观层面的配置[130]。产业部门内的资本流动也遵循同样的规律。资本的这种流动性和逐利性是产业结构转变和发展方式优化的核心推动力。本书的研究主要基于在宏观层面对产业部门及其内部行业之间的资本配置的分析。

2.9.2 战略性新兴产业资本需求

一个产业的发展周期会经历从培育产生到逐渐衰弱消退的过程。与传统产业不同,战略性新兴产业具有较高的研发水平,在发展过程中会根据市场需求的变化及时更新技术,因此战略性新兴产业在成熟期能维持较长时间,并且会步入新的成长期,实现高质量持续发展。战略性新兴产业的发展过程需要资金的支持,在不同的发展阶段都有其特殊的资金需求。本书基于对战略性新兴产业生命周期的划分,分析各阶段资金需求的特点。

(1) 培育期资金需求

培育期的战略性新兴产业市场刚刚建立,产业未形成规模化,产品技术研发需要投入大量资金、设备等,企业存在较大的技术研发风险、管理风险及外部市场风险。由于高风险的存在,金融部门的投资会偏向于其他大中型企业或处于发展稳定期的企业。因此在这一阶段,政府的作用尤为重要,应通过政府投资、政府政策的制定,利用财税金融手段干预资源配置,直接推动战略性新兴产业的发展。另外,企业还可以通过留存收益、资本市场(创业板、新三板)、风险投资筹集发展资金。

(2) 发展期资金需求

发展期是战略性新兴产业的关键时期,关系到培育期的投入能否大规模生产销售以获取利润、积累资本。此时企业已慢慢步入正轨,产业初具规模,对资金的需求也越来越大,产业风险性已相对较小。在这一阶段,企业已经具备实力借助多元化、多层次融资方式,通过金融机构贷款、私募股权融资、公开上市等筹集资金,共性技术的突破吸引了更多以获得商业回报为目的的投资。

(3) 成熟期资金需求

通过发展期的积累,进入成熟期的战略性新兴产业主导产品与技术已相对成熟,市场形成了一定规模。在这一阶段,战略性新兴产业不仅需要资金维持现有的生产规模,还需要资金进行新一轮的产品创新。同时,培育期的风险投资也完成使命,需要撤离产业,出现的资金缺口需要其他资金来弥补。此时,企业在融资选择上更加主动,拥有相当实力的企业可以通过发行企业债券募集资金,商业银行、贷款担保机构提供的贷款和金融产品等也是其重要选择。

各阶段金融支持情况如图 2-2 所示。

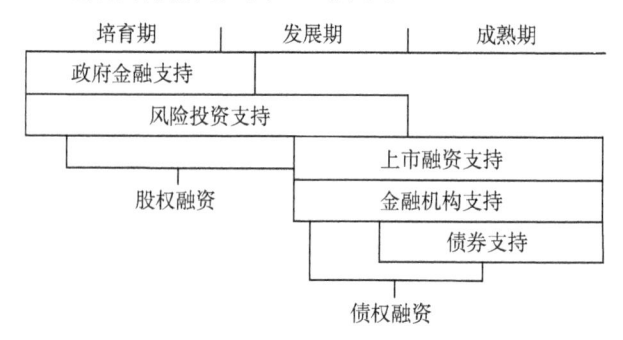

图 2-2　战略性新兴产业各阶段金融支持情况

2.9.3　资本配置与战略性新兴产业发展

产业的资本配置,即金融资源在产业间及产业内部的分配。从产业发展角度来看,资本是战略性新兴产业生存与发展的基础,资本配置状况直接决定着战略性新兴产业的规模与发展速度。从资本配置方式来看,金融资源在战略性新兴产业的配置主要有两种途径:市场化配置和管制性配置。

市场化资本配置主要通过金融体系运行机制进行。金融体系中的投资者在利益驱动下将资本投入战略性新兴产业,在分享产业的高收益的同时承担产业风险。这是由资本的逐利性本质和战略性新兴产业的竞争优势共同决定的。市场化的资本配置机制对产业竞争力较为敏感,能够识别不同产业的发展潜力、投资回报率和风险等,并据以判断取舍资金投放领域,这种资本导向机制将引导资金流向先进产业或具有比较优势的产业,促进产业发展的同时使得资本获得最优回报,保障金融业自身的发展与活力。而战略性新兴产业势必会通过自身的技术水平和发展潜力等比较优势吸引资金从各种渠道流入,进一步推动产业的技术创新与规模壮大,提高竞争力,形成良性循环。

  管制性资本配置主要依赖政府力量,包括强制性的经济法律手段、政策倾斜等。战略性新兴产业的产生与发展体现国家意志,必然离不开政府支持。我国的资本市场化机制尚不健全,现阶段国情决定了政府对于金融资源的流向具有一定的调控能力,可以通过多种引导行为和行政手段将有限的资金优先配置到战略性新兴产业部门,包括利率控制、政策性贷款、财税支持政策和银行准备金调控等。政策倾斜将引导资金流向战略性新兴产业,保障产业的可持续发展。

3 我国战略性新兴产业金融支持及技术创新现状分析

3.1 我国战略性新兴产业现状分析

本节的战略性新兴产业结构现状分析以《战略性新兴产业分类（2018）》作为参照标准，详见附录1。

3.1.1 产业结构现状

国家信息中心战略性新兴产业企业景气调查显示（针对我国的28个省份，共1089家企业），2019年战略性新兴产业整体运行保持在合理区间，企业综合经营状况良好，七大产业均衡发展，企业家信心充足、创新高，市场预期持续向好。

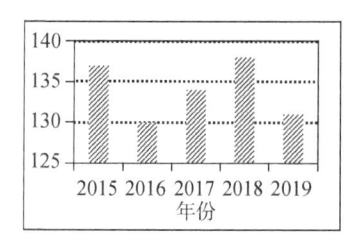

图 3-1 2015—2019 年节能环保产业景气指数

图 3-2 2015—2019 年新一代信息技术产业景气指数

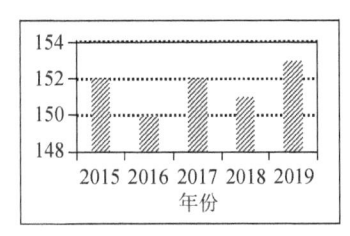

图 3-3　2015—2019 年生物产业景气指数

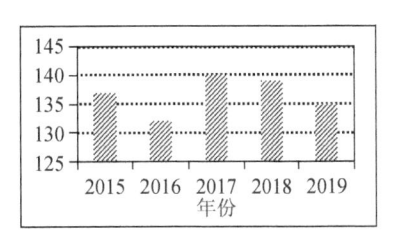

图 3-4　2015—2019 年高端装备制造业景气指数

图 3-5　2015—2019 年新能源产业景气指数

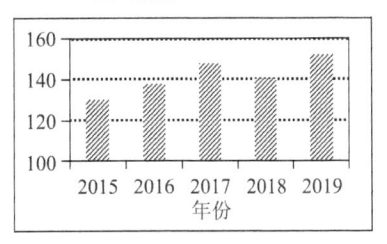

图 3-6　2015—2019 年新材料产业景气指数

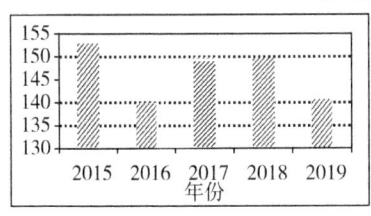

图 3-7　2015—2019 年新能源汽车产业景气指数①

从图 3-1 到图 3-7 可以看出,2015—2019 年战略性新兴产业七大行业均衡发展,有 3 个产业 2019 年的景气指数较 2018 年同期有显著增长,分别为生物产业、新能源产业及新材料产业。其中,生物产业以 153.2 的产业景气度位居七大产业之首,同比增长 1.3%②。新材料产业产业景气指数为 151.9,同比增长 8.6%,在七大产业中增速最快。新能源产业不再垫底,同比上升 3.3%。新一代信息技术

---

① 根据万得(Wind)、国泰君安数据库整理所得。
② 根据国泰君安数据库整理所得。

产业以 145.0 的产业景气度名列第三位,同比下降 3.3%。新能源汽车产业景气度同比减少 6.7%,本期为 141.1,是同比下滑最严重的产业。高端装备制造业产业景气指数为 135.1,同比下降 2.9%。节能环保产业景气度环比下滑 5.4%,是七大产业中下滑次严重的产业,资源循环利用和先进环保两个板块(属于节能环保产业)的回落拉低了产业整体水平①。

3.1.2 产值现状

"十三五"以来,战略性新兴产业增速持续快于总体经济增速水平。2016 年及 2017 年,全国战略性新兴产业工业增加值同比分别增长 10.5% 和 11.0%②,高出同期规模以上全国工业增加值增速 40% 以上,全国战略性新兴产业服务业营业收入同比分别增长 15.1% 和 17.3%,比同期全国服务业整体增速高出 1 倍左右。2018 年,战略性新兴产业延续快速增长态势,其工业增加值同比增长 8.9%,增速高出规模以上工业整体 2.7 个百分点③。

《2019 中国战略性新兴产业发展报告》显示,战略性新兴产业上市公司同样实现了快速增长,2016—2017 年其营收年均增速高达 17.8%,高出上市公司总体增速 4.3 个百分点。2017 年战略性新兴产业上市公司营收占上市公司总体比重达 10%,较"十二五"末期提升 1.0 个百分点。

2016—2017 年,战略性新兴产业上市公司利润年均增速达到 19.8%,比上市公司(剔除金融类)11.3% 的整体增速高出近 1 倍。同期战略性新兴产业上市公司利润率达 10.6%,比上市公司总体高出 50%。2018 年全国规模以上工业企业实现利润总额 66 351.4 亿

---

① 根据国泰君安数据库整理所得。
② 中国工程科技发展战略研究院. 2019 中国战略性新兴产业发展报告[M]. 北京:科学出版社,2018.
③ 数据来源:国家统计局,https://data.stats.gov.cn/easyquery.htm? cn=C01。

元,比上年增长 10.3%[①],图表中显示该年(2018 年)数据下降,是因为为了加强数据质量管理,从 2017 年四季度开始,国家统计局对企业集团(公司)跨地区、跨行业的重复计算进行了剔重。国家统计局 2020 年 2 月 3 日发布的数据显示,2019 年全国规模以上工业企业实现利润总额 61 995.5 亿元,比上年下降 3.3%。国家统计局工业司高级统计师朱虹对此进行解读。2019 年利润下降主要受以下因素影响:一是工业产品销售增速回落。2019 年,规模以上工业企业营业收入增长 3.8%,增速比上年回落 4.8 个百分点。二是成本上升挤压利润空间。2019 年,规模以上工业企业每百元营业收入中的成本为 84.08 元,比上年增加 0.18 元,主要是原材料、用工成本上升。三是钢铁、石化、汽车等重点行业利润下降,拉动作用明显。2019 年,钢铁、化工、汽车、石油加工行业利润比上年分别下降 37.6%、25.6%、15.9%和 42.5%,合计影响规模以上工业企业利润增速比上年下降 7.4 个百分点。四是个别行业及企业大幅计提资产减值损失。经测算,个别行业及企业 2019 年大幅计提资产减值损失,影响规模以上工业企业利润增速比上年下降 1.2 个百分点[②]。

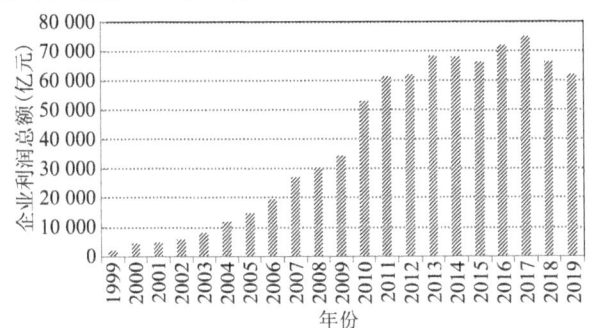

图 3-8 规模以上工业企业利润总额[③]

---

① 数据来源:中华人民共和国中央人民政府,http://www.gov.cn/shuju/2019-01/28/content_5361707.htm。
② 数据来源:中金网,http://www.cngold.com.cn。
③ 数据来源:国家统计局,https://data.stats.gov.cn/easyquery.htm? cn=C01。

3.1.3 从业人员现状

研发和技术人员是技术创新的一项重要投入。近年来,战略性新兴产业发展态势蓬勃,在新兴产业人才引进政策的推动以及新兴产业企业表现出良好的经营绩效和巨大发展潜力的背景下,越来越多的技术人员加入这一产业。从图 3-9 可以看出,2011—2018 年战略性新兴产业上市公司的技术人员数量逐年提升。从总体上来看,技术人员占比呈上升趋势(图 3-10)。

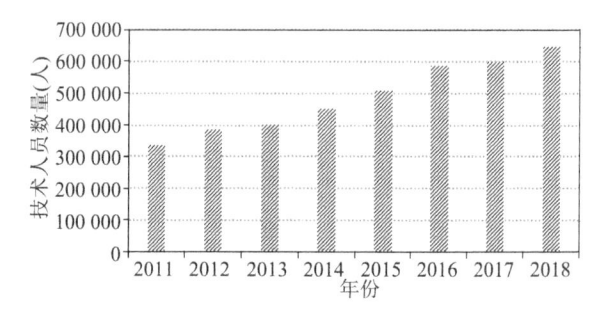

图 3-9 战略性新兴产业上市公司技术人员数量[1]

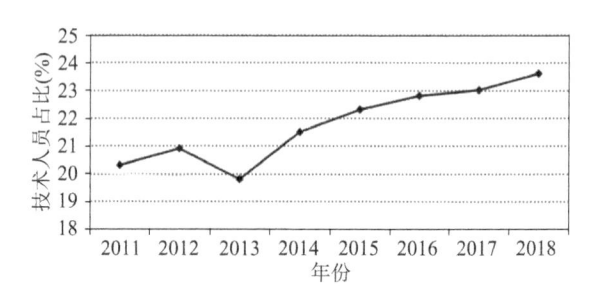

图 3-10 战略性新兴产业上市公司技术人员占比情况[2]

---

[1] 中国工程科技发展战略研究院. 2019 中国战略性新兴产业发展报告[M]. 北京:科学出版社,2018.

[2] 中国工程科技发展战略研究院. 2019 中国战略性新兴产业发展报告[M]. 北京:科学出版社,2018.

从学历占比情况来看,2015—2018 年,硕士及以上学历、本科学历和专科学历的技术人员占比在逐渐增加(图 3-11)。由于近年来校园招聘的开展,大批专本硕毕业生加入战略性新兴产业公司,因此,公司技术人员学历结构的不断优化和升级将是公司人力资源结构的主要发展趋势之一。

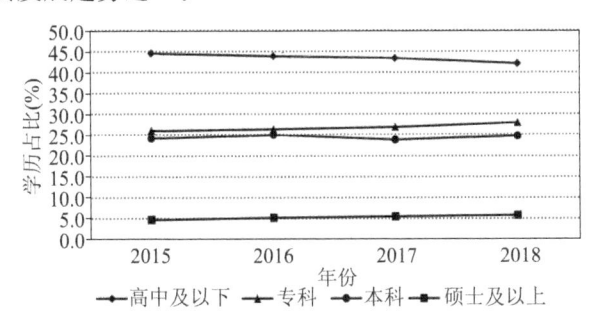

图 3-11 2015—2018 年战略性新兴产业员工学历占比情况

接下来,我们针对战略性新兴产业内七大产业展开现状分析。

(1) 节能环保产业

"十一五"以来,中国大力推进节能减排,发展循环经济,建设资源节约型、环境友好型社会,为节能环保产业的发展创造了有利条件,节能环保产业得到了较快发展。《2020 中国环保产业发展状况报告》①(以下简称《报告》)显示,2019 年全国环保产业营业收入约 17 800 亿元,较 2018 年增长约 11.3%,其中环境服务营业收入约 11 200 亿元,同比增长 23.2%。2017、2018 年利润率连续下滑,2019 年保持稳定。具体到细分领域,与 2018 年相比,除土壤修复外,水污染防治、大气污染防治、固废处置与资源化、环境监测领域企业的营业收入、环保业务营业收入均有不同程度的增长。

从产业集聚化角度看,环保产业的产业集中度缓慢提升,集聚化

---

① 数据来源:中国环境保护产业协会,http://www.caepi.org.cn/epasp/website/webgl/webglController/view? xh=1602576398428038318080。

趋势愈发明显。《报告》中列入统计范围的环保企业,大、中型企业数量分别占 3.4%、24.3%;小型和微型企业数量总计占 72.2%。具体大中小微企业的数量见图 3-12。

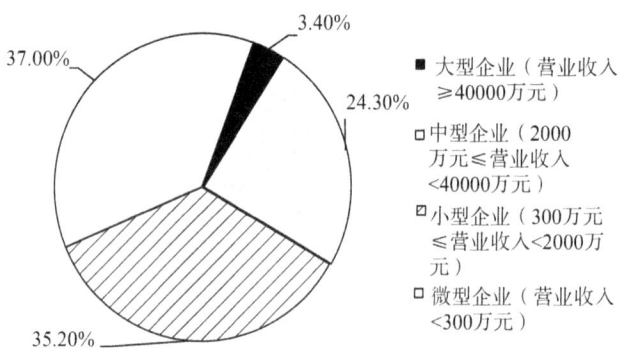

图 3-12　2019 年列入统计的不同规模企业数量占比

根据《报告》统计,从地域分布看,有不到一半的企业属于东部地区。东部地区环保企业的营业收入和营业利润分别占 67.4%、67.6%,远远超过中部和西部地区企业的营业收入和营业利润。长江经济带 11 省(直辖市)以 45.6% 的企业数量占比贡献了将近半数的营业收入,强有力地支撑着我国环保产业的发展。

我国环保产业营业收入与 GDP(国内生产总值)的比值从 2004 年的 0.4% 增长到 2019 年的 1.8%。虽然增长期间稍有波动,但环保产业对国民经济的贡献率一直呈现逐步增长态势。环保产业拉动经济增长仍不明显,近年来也无明显上升趋势。具体见图 3-13。

《报告》还显示,2019 年列入统计调查的企业研发经费支出占营业收入的 3.4%,高于 2018 年全国规模以上工业企业研发经费支出占营业收入的比例。环保产业内各细分领域的研发经费均有所增长,具体见图 3-14。

受疫情影响,IMF(International Monetary Fund,国际货币基金组织)预测 2020 年我国国内生产总值增速为 1% 左右,2021 年国内生产总值增速为 8% 左右。据 IMF 预测,2020 年环保产业营收大概

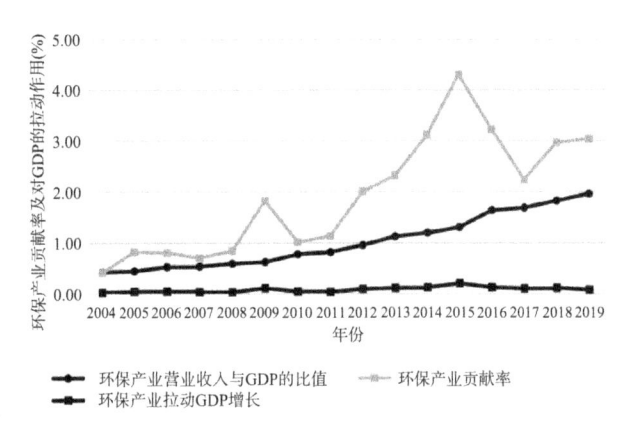

3 | 我国战略性新兴产业金融支持及技术创新现状分析

图 3-13 环保产业贡献率及其对 GDP 的拉动作用

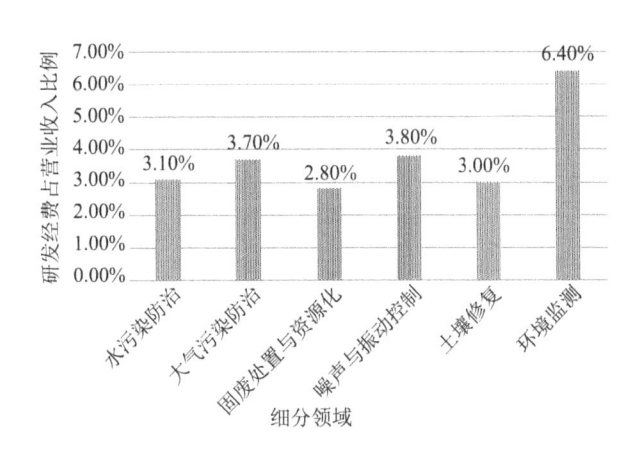

图 3-14 2019 年环保企业细分领域企业研发经费占营业收入比例

在 1.6 万亿元～2 万亿元，2021 年环保产业规模有望超过 2 万亿元，2025 年环保产业规模有望突破 3 万亿元。

(2) 新一代信息技术产业

尽管我国数据量已是世界第一，但由于中国新一代信息技术产业起步较晚，数据还未形成规模化，现阶段主要通过政府数据、行业企业数据、互联网数据、物联网数据、移动数据等来获取数据信息。

2012年5月,工业和信息化部发布了《通信业"十二五"发展规划》,旨在推动中国新一代信息技术产业的发展。这是中国较早关于新一代信息技术产业的政策。2013—2014年,随着政府政策的不断推出、大数据产业价值的不断扩大,各地方政府开始推出一系列促进新一代信息技术产业发展的规划,例如北京市颁布的《关于加快培育大数据产业集群推动产业转型升级的意见》、重庆市颁布的《重庆市大数据行动计划》等。

根据前瞻产业研究院的数据[①],截至2016年年底,中国新一代信息产业市场规模达到3.9万亿元。根据中国信息通信研究院的测算,2017年中国数字经济规模达到27.2万亿元,同比增长20.3%,占国内生产总值的32.9%。在新一代信息技术产业的发展过程中,虚拟技术与实体经济融合得愈发紧密,2017年融合部分的规模超过了21万亿元,同比增长20.9%,具体见图3-15。同时,新一代信息技术产业也较好地缓和了我国的就业压力,2017年中国数字经济就业人数达1.71亿人,占当年就业总数的22.1%。

现有的关于新一代信息技术产业数字经济的测量[②],重点对信息通信产业和数字经济融合两部分的内容进行测算,即信息产业增加值和数字技术与其他产业的融合应用。第一部分主要是电子信息设备制造、电子信息传输服务、软件业以及数字虚拟技术与其他技术的融合所形成的新兴信息行业;第二部分重点核算数字技术的边际贡献[131]。根据这一测量方法,在新一代信息技术产业数字经济总规模方面,广东、江苏、山东、浙江、上海等省(市)均有良好的表现。根据中国信息通信研究院的数据,2017年新一代信息技术产业数字经济规模排名前十位省(市)的具体信息如表3-1所示。

---

① 数据来源:前瞻产业研究院2017年《新一代信息技术产业发展前景预测与投资战略规划分析报告》。
② 数据来源:中国信息通信研究院《中国数字经济发展与就业白皮书(2018年)》,http://www.caict.ac.cn/kxyj/qwfb/bps/201904/t20190416_197842.htm。

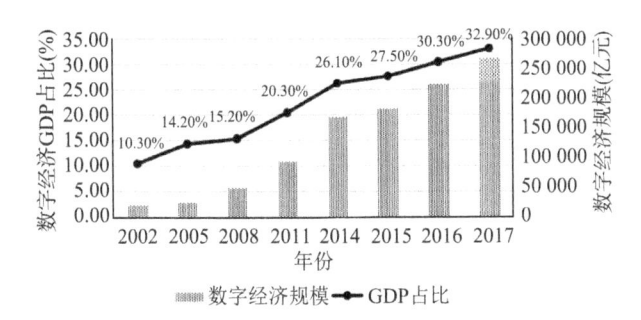

图 3-15 中国新一代信息技术产业数字经济总体规模年度变化及其 GDP 占比[1]

表 3-1 2017 年新一代信息技术产业数字经济总量排名前十的省(市)[2]

排名	省(市)	数字经济总量(万亿元)	排名	省(市)	数字经济总量(万亿元)
1	广东	3.66	6	北京	1.39
2	江苏	3.14	7	湖北	1.21
3	山东	2.55	8	福建	1.16
4	浙江	1.96	9	河南	1.10
5	上海	1.47	10	四川	1.09

(3) 生物产业

我国生物产业发展较早,"十一五"期间,我国生物产业形成了长三角、珠三角以及京津冀地区这三个综合性生物产业基地。"十三五"期间,国家认为生物产业是我国国民经济的支柱产业,并对其加以大力发展。

《"十三五"生物产业发展规划》[3]指出,"十二五"以来,我国生物产业复合增长率达到 15% 以上,2015 年产业规模超过 3.5 万亿元,在部分领域与发达国家水平相当,甚至具备一定优势。我国基因检

---

[1] 数据来源:中国信息通信研究院,《中国数字经济发展与就业白皮书(2018)》,http://www.caict.ac.cn/kxyj/qwfb/bps/201904/t20190416_197842.htm。
[2] 同①。
[3] 数据来源:国家发展和改革委员会网站,http://www.gov.cn/xinwen/2017-01/12/content_5159179.htm。

测服务能力在全球已处于领先地位,出口药品已从原料药向技术含量更高的制剂拓展。我国第一个自然科学的诺贝尔奖是从中药中研制的青蒿素,并且部分高端医疗器械核心技术也有所突破,这大幅降低了相关产品和服务的价格,不再被外国技术"卡脖子"。袁隆平团队研发的超级稻亩产突破1 000公斤,已经达到国际先进水平。生物发酵产业产品总量居世界第一。生物能源年替代化石能源量超过3 300万吨标准煤,处于世界前列。整体来看,近年来我国生物产业形势稳中求进,虽然增速呈现出逐年递减的趋势,但市场规模随着政府支持依然在逐年增长。以生物制药产业为例,2017年,我国规模以上生物制药工业企业实现主要营业项目收入29 826亿元,同比增长12.2%,增幅高出全国规模以上工业主营收入5.6个百分点,比2016年提高2.3个百分点。2018年,我国规模以上生物制药工业企业主营业务收入超过了3万亿元,同比增长12.7%,增速比全国工业主营收入平均值高4.2个百分点,主营利润同比增长10.9%,利润增速有所放缓。

"十三五"发展规划还显示,生物产业本身就具有产业集聚的特点。在京津冀、长三角、珠三角等地,一批高水平、有特色的生物产业集群已经初见雏形。《中国生物产业发展报告(2020—2021)》[1]和有关研究[2]显示,我国生物产业布局呈现出地理选择性,产业布局主要集中在自然资源丰富、科技发展水平高、人才聚集度高的地区。我国生物产业起初主要集中在北京、上海以及珠三角地区。这是由于这几处地区经济发展水平较高、研发创新能力较强、投融资环境较好,更容易吸引众多生物企业聚集,尤其是生物医药产业,从而形成生物产业集聚区。随着我国生物产业的稳步发展,长沙、成都等省会城市以及东北地区生物产业也先后步入了成长期。截至2018年底,我国生物产业形成了以北京、上海为核心,以珠三角、东北地区为重点,中西部地区点状发展的空间格局,形成了环渤海、

---

[1] 国家发展和改革委员会创新和高技术发展司、中国生物工程学会.中国生物产业发展报告(2020—2021)[M].北京:化学工业出版社,2021.
[2] 中国生物技术发展中心,《2019中国生物医药产业园区竞争力评价及分析报告》,http://www.cncbd.org.cn/News/Detail/8907。

长三角、珠三角、川渝等生物产业主要集聚区。具体信息见表3-2。

表3-2 2018年中国生物产业代表地区及其特点[①]

产业集群	代表地区	特点
环渤海地区产业集群	北京	人才优势突出,拥有丰富的临床资源和大批新药筛选、安全评价与质量控制等技术平台
	天津	科技支撑实力突出,聚集5 000多家从事生产和研发的相关机构,中药现代化居于全国领先水平
	山东	中国生物制药产业大省,具有国内领先的新药研发和产业化资源优势
	河北	生物产业制造基地,有一批具有全国影响力的企业
长三角区域产业集群	上海	聚集了世界前十强生物企业,研发密集、融资资源好,是中国生物产业研发和成果转化中心
	江苏	生物医药产业成长最好、最活跃的地区,已形成苏州、南京、泰州、连云港等一批生物产业研发制造基地
	浙江	杭州东部主要引进生物技术制药、生物医学工程等高端研发及生产项目,并形成了500亿级别的生物医药产业集群
珠三角区域产业集群	广州	较早发展生物产业,在生物服务和生物技术应用领域形成了优势和特色,拥有一批龙头企业
	深圳	自主创新能力强,国际化环境良好,跨国企业投资力度大,生物医疗设备产业优势突出

(4)高端装备制造业

随着"中国制造2025"战略的提出,我国高端装备制造业的发展进入暖春。大型客机及大型运输机的研制均取得了巨大的进展,部分新生产的装备已经投入运营。一大批重大技术装备也已成功研制(百万千瓦级水电机组、核电机组等),部分已研制的装备在市场中得到了较好的运用。除了上述装备,我国还研制了许多较为复杂的高端技术装备,有力推动着高新产业的快速发展。海洋工程装备、智能制造装备、海洋国防装备及轨道交通装备等具有创新技术含量的装

① 数据来源:东滩顾问《中国生物医药产业招商地图》研究报告。

备制造业正处于快速发展的状态。根据中研普华产业研究院的统计,当前,我国高端装备制造业的总产值在整个装备制造业的占比已经超过了21%。2018年,我国的海洋工程装备市场规模在全球市场的占比超过了30.8%。另外,如工业机器人及智能化仪器仪表等人工智能的仪器装备产业也呈现出健康快速的发展势头。高端装备制造业市场规模的具体信息见图3-16。

图3-16 2015—2018年我国高端装备制造业市场规模[1]

2018年,我国高端装备制造业销售收入超过9万亿元,在装备制造业整体销售收入中的比重提高到了15%。2018年的销售收入较2015年增长了44%。高端装备制造业销售收入的具体信息见图3-17。

图3-17 2015—2018年我国高端装备制造业销售收入规模[2]

截至2020年9月,科创板累计受理企业IPO(首次公开募股)申请共计418家。从申报IPO企业所属行业类别来看,有近280家企业主要集中在以下四大行业:84家计算机、通信和其他电子设备制造业企业,占比20%;80家专用设备制造业企业,占比19%;62家软

---

[1] 数据来源:中研普华产业研究院,https://www.chinairn.com/scfx/20210115/173856256.shtml。
[2] 数据来源:中研普华产业研究院,https://www.chinairn.com/hyzx/20201225/094103263.shtml。

件和信息技术服务业企业,占比 15%;54 家医药制造业企业,占比 13%。具体情况见图 3-18 和图 3-19。

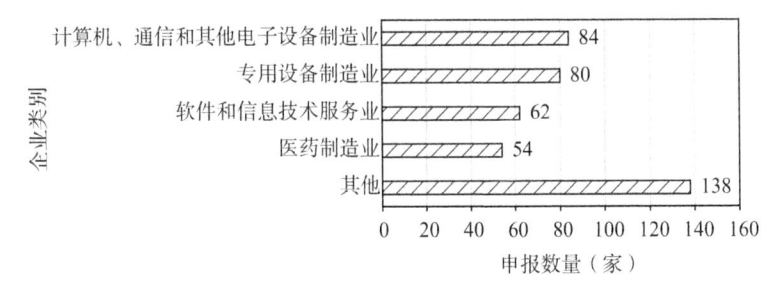

图 3-18　截至 2020 年中国科创板已申报企业所属行业数量分布情况[①]

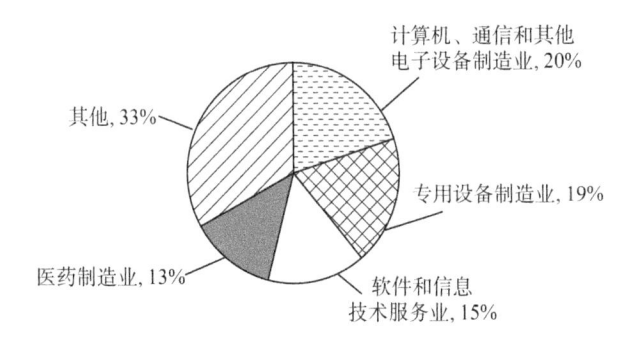

图 3-19　截至 2020 年中国科创板已申报企业所属行业占比情况[②]

我国政府极其重视高端装备制造业的发展,对其创新活动的补贴逐年加大,结构也不断优化升级。2019 年,我国进一步增大对科技经费的投入力度,研发(R&D)创新经费投入保持较快增长。2019 年,全国共投入研发(R&D)创新经费 22 143.6 亿元,同比增加了 2 465.7 亿元,增长 12.5%;研发(R&D)创新经费投入在国内生产总值中占比为 2.23%,同比提高 0.09%。

---

① 数据来源:上海证券交易所、前瞻产业研究院,https://bg.qianzhan.com/trends/detail/506/201106-c3dfadef.html。
② 数据来源:上海证券交易所、前瞻产业研究院,https://bg.qianzhan.com/trends/detail/506/201106-c3dfadef.html。

(5) 新能源产业

新能源主要包含风能、太阳能、生物质能、核能与汽车新能源等。随着能源供应日趋紧张,环境保护压力日益加大,发展新能源成为我国重要的能源战略。"十三五"期间国家依旧"主打"低碳绿色,从产业角度来看,光伏、风电与核电等清洁发电产业获得利好。截至 2019 年底,我国新能源发电装机发电达到 4.38 亿千瓦,同比增长 10%,新能源发电装机约占全部电力装机的 21.8%。新能源装机规模不断扩大,新能源中清洁能源的重要作用也在日益凸显。2019 年,风电装机共计发电 2.1 亿千瓦,光伏发电装机共计发电 2.04 亿千瓦,生物质发电装机发电 2 254 万千瓦,同比分别增长了 14.0%、17.3% 和 26.6%。风电发电和光伏发电首次双双突破 2 亿千瓦。2022 年以后,海上风电中央财政补贴全部取消,意味着中国海上风电提前进入平价时代。

2003—2019 年,我国新能源产业投资金额及数量呈现上升的趋势。其中,我国 2017 年新能源产业投资数量最多,达到了 39 笔;我国 2019 年新能源产业投资金额最高,达到了 1 248 528.5 亿元。在资源和能源紧张的形势下,建设资源节约型和环境友好型社会,大力发展新能源是我国社会的共同选择,也是我国经济社会可持续发展的战略举措。在国家的推动下,行业加速发展,2019 年新能源产业的营收规模超过 1 万亿元,具体见图 3-20。

图 3-20　2017—2019 年中国新能源产业市场营收规模[①]

"十四五"规划明确提出"推进能源革命""构建生态文明体系"

---

① 数据来源:中研普华产业研究所,https://www.chinairn.com/news/20210420/152557810.shtml。

"推动经济社会发展全面绿色转型""全面提高资源利用效率"等要求,为能源产业的持续健康发展指明了方向。我国拥有全球最大的光伏和风电装机,海上风电资源丰富,已成为世界第三大海上风电国家。光伏发电技术降低成本空间大、研发技术进步快、产业化明确性强,是未来主要发展的低成本节能发电方式之一。未来我国很多城市农村家庭房屋、建筑的屋顶都会安装光伏电站,以推动清洁能源产业的发展。按照我国2050年"净零排放,深度脱碳"的期望目标,有关报告[①]指出,"十四五"能源转型的步伐还需要进一步加快。首先,提前达峰是大概率的事件,并且,非化石能源占比不低于20%是非常关键的一个指标。在"十四五"期间,光伏发电至少要新增2.5亿千瓦,要达到累计装机5亿千瓦。这样才能为2030年光伏发电累计不少于8亿千瓦,实现25%的非化石能源的目标打下基础,进而实现到2030年和2050年非化石能源占35%和70%的目标。

(6) 新材料产业

我国新材料产业体系较完善,涵盖金属材料、非金属材料、高分子材料、复合材料等品种。工业技术水平也在逐年提高,尤其在光伏材料、玻璃纤维等新材料方面,我国研发以及应用水平已处于世界前列。根据国家统计局的相关数据,2018年新材料制造业增加值为14 130亿元,占专利密集型产业比重为13.2%,排在高端装备制造业、信息通信技术服务业之后,是其他制造业强有力的支撑。

据前瞻产业研究院推测,2011年我国新材料产业总产值仅仅为0.8万亿元,到2019年我国新材料产业总产值已增长至4.5万亿元,年复合增长率超过了20%。具体见图3-21。

新材料产业集聚效应较为明显。目前,我国新材料产业集聚区主要

---

① 数据来源:前瞻产业研究院,《2020—2025年中国新能源行业发展前景与投资战略规划分析报告》。

图 3-21 2011—2019 年新材料产业市场规模①

有长三角、珠三角及环渤海材料产业集群,东北以及中西部地区也有具有本地特色的产业集群,各区域材料产业的发展和空间分布都各有优势和特点。我国新材料产业正在从追求"大而全"向"高精尖"转型,北京、深圳、上海、苏州已经成为国内四大纳米材料研发和生产基地;京津地区、内蒙古包头、江西赣州及浙江宁波等地则成为稀土钕铁硼材料的主要生产基地;武汉、长春、广州、厦门成为光电新材料的主要产业基地。

尽管我国新材料产业正处于快速发展时期,并且迈入了材料大国行列,但与高质量发展的要求相比,存在明显的短板与不足,具体表现为总体产能过剩、产品结构不合理、高端应用领域依赖进口、创新能力不突出等。以电子材料为例,尽管我国电子材料需求全球第一,但是我国高端电子材料生产市场份额小于 3%,高端电子材料基本依赖进口。2019 年,工业和信息化部对全国 30 多家大型企业共 130 多种关键基础材料调研的结果显示,32% 的关键材料生产在中国仍为空白,52% 依赖进口,精加工生产线上超过 95% 的制造及检测设备依赖进口,79% 的智能终端处理器依赖进口。每年在进口半导体芯片上的花费高达 2 000 亿美元,是进口石油花费的 2 倍。高端装备制造业、新一代信息技术等相关领域对新材料的需求巨大,材料问

---

① 数据来源:前瞻产业研究院,https://x.qianzhan.com/xcharts/? k=新材料市场规模。

题带来的核心部件被"卡脖子"的难题仍然亟待解决。

(7) 新能源汽车产业

在国家政策的大力扶持之下,新能源汽车得到了飞速的发展。自 2001 年我国正式启动"863 计划"电动汽车重大专项至今,新能源汽车已逐步从战略规划期、导入期进入如今的快速成长期。根据有关数据整理发现①,2014 年新能源汽车产量为 7.8 万辆,2018 年为 127.0 万辆,年均复合增长率为 100.8%。据市场研究机构 EV Sales 统计,2018 年全球新能源乘用车共销售 200.1 万辆,其中中国市场为 105.3 万辆,超过其余国家总和,并且在全球销量前十的厂商中,中国品牌共占五席,总计占据全球 31.7% 的市场份额。

2019 年 3 月,财政部、工业和信息化部、科技部、国家发展改革委四部委联合发布《关于进一步完善新能源汽车推广应用财政补贴政策的通知》(财建〔2019〕138 号),明确 2019 年我国新能源汽车的补贴方案。方案中首次明确过渡期后,取消地方政府补贴。我国新能源汽车的补贴可以分为中央补贴和地方政府补贴。2019 年补贴方案明确指出,过渡期后地方政府应不再对新能源汽车给予购置补贴,并且如果地方继续补贴,中央将对相关财政补贴作相应的扣减。补贴方案大体上与 2018 年相似,具体见表3-3。

表 3-3 新能源汽车补贴标准

年份	过渡期前(Q1)	过渡期(Q2)	过渡期后(Q3)
2018	1月1日—2月11日,执行 2017 年补贴标准	2月12日—6月11日,执行 2017 年补贴标准的 0.7 倍	6月12日—12月31日,执行 2018 年补贴标准
2019	1月1日—3月25日,执行 2018 年补贴标准	3月26日—6月25日,执行 2017 年补贴标准的 0.6 倍	6月26日—12月31日,执行 2019 年补贴标准

受益于优惠的政策,我国新能源汽车市场从 2014 年开始快速发

---

① 数据来源:中国汽车工业协会,http://www.caam.org.cn/chn/4/cate_39/con_5232916.html。

展,新能源汽车产销量大幅上升。随后2016年、2017年受骗补事件及补贴退坡的影响,产销量增速放缓。2019年产量为124.2万辆,销量为120.6万辆,同比分别下降2.3%和4%[①]。其中,下半年的产销量明显低于上半年。2019年补贴退坡力度大,导致上半年产销量保持了高速增长的趋势,新能源车产量62.6万辆,销量62.7万辆,同比分别增长51.1%和53.7%,而新的补贴政策实施后,新能源汽车市场开始降温,7月至12月新能源车产销量月均同比下降率为24.1%和29.0%,同比下降趋势有所扩大。

截至2020年上半年,我国新能源汽车产量达到39.7万辆,同比下降36.5%。受新冠疫情影响,全国经济运行放缓,导致居民收入水平有所下降,从而影响了居民购置车辆的需求,截至2020年上半年,中国新能源汽车销量达到39.3万辆,同比下降37.4%。

虽然我国的新能源汽车相关技术已经逐步走向成熟,但是关键核心技术仍被国外垄断。可见,在当下补贴退坡和市场竞争日益激烈的局势中,新能源汽车仍急切需要通过技术上的突破实现自身稳定可持续的发展。

3.2 我国战略性新兴产业金融支持现状分析

3.2.1 金融扶持政策现状

如表3-4所示,2010年以来,国家相继出台了多项新的重大改革举措,陆续发布了有关战略性新兴产业细分行业的配套政策和专项规划,逐步完善了战略性新兴产业政策体系和产业规划。这些政策将市场配置资源的决定性作用和有效发挥政府作用有机结合起来,实现政策的集聚效应,激活企业创新,增强经济发展后劲和活力,

---

① 数据来源:中国汽车工业协会,http://www.caam.org.cn/chn/4/cate_39/con_5228367.html。

扩大战略性新兴产业投资,培育壮大新增长点增长极,更好发挥战略性新兴产业重要引擎作用,加快构建现代化产业体系,共同推进战略性新兴产业产业结构高级化。

自 2016 年国务院发布《"十三五"国家战略性新兴产业发展规划》以来,我国各地政府部门根据该规划进行细化落实,如发布产业发展的指导意见、发展规划、决定等系列文件,文件内容主要是从政府角度提出产业发展的要求与目标,将产业发展任务提升到一定高度,以此引导各产业发展。

表 3-4　2010 年以来我国战略性新兴产业扶持政策总结[①]

年份	政策内容
2010 年	国务院发布《关于加快培育和发展战略性新兴产业的决定》;培育和发展战略性新兴产业,是国家推进产业结构升级、构建现代产业体系、推进新型工业化向纵深发展、增强国民经济持续发展能力、构建国际竞争新优势的重大举措
2012 年	国务院发布《"十二五"国家战略性新兴产业发展规划》,提出战略性新兴产业规模年均增长率保持在 20% 以上;明确了到 2015 年和 2020 年,战略性新兴产业增加值占国内生产总值的比重分别达到 8% 和 15% 的总体目标
2016 年	国务院发布《"十三五"国家战略性新兴产业发展规划》,提出到 2020 年,实现产业规模持续壮大、创新能力和竞争力明显提高、产业结构进一步优化等发展目标
2017 年	文化部颁布了国家层面首个针对"数字文化产业"发展的政策文件《关于推动数字文化产业创新发展的指导意见》,提出着力发展数字文化产业的重点领域,推动动漫产业打造提质升级、游戏产业健康发展
2017 年	国务院发布《关于深化"互联网+先进制造业"发展工业互联网的指导意见》,提出在 2018—2020 年三年起步阶段,初步建成低时延、高可靠、广覆盖的工业互联网络基础设施,初步构建工业互联网标识解析体系,初步形成各有侧重、协同集聚发展的工业互联网平台体系,初步建立工业互联网安全保障体系;2025 年,基本形成具备国际竞争力的基础设施和产业体系

---

① 资料来源:http://www.gov.cn;http://www.miit.gov.cn。

(续表)

年份	政策内容
2017年	工业和信息化部发布《促进新一代人工智能产业发展三年行动计划(2018—2020年)》,提出4项重点任务,共涉及17个产品或领域,加快发展智能制造,推动制造业智能化升级改造
2018年	国家能源局印发《2018年能源工作指导意见》,对加快能源绿色发展、促进人与自然和谐共生,深化供给侧结构性改革、提高能源供给质量和效率,深入实施创新驱动战略,保障国家能源安全,加强能源行业管理、提升能源行业治理水平,能源重大工程等工作作出了具体部署
2018年	国务院办公厅印发《推进运输结构调整三年行动计划(2018—2020年)》,在新的结构调整计划中,提出到2020年,城市建成区新增和更新轻型物流配送车辆中,新能源车辆和达到国六排放标准清洁能源车辆的比例超过50%,重点区域达到80%
2020年	国家发展改革委、科技部、工业和信息化部、财政部联合发布《关于扩大战略性新兴产业投资 培育壮大新增长点增长极的指导意见》,提出以习近平新时代中国特色社会主义思想为指导,全面贯彻党的十九大和十九届二中、三中、四中全会精神,统筹做好疫情防控和经济社会发展工作,坚定不移贯彻新发展理念,围绕重点产业链、龙头企业、重大投资项目,加强要素保障,促进上下游、产供销、大中小企业协同,加快推动战略性新兴产业高质量发展,培育壮大经济发展新动能

3.2.2 投资总量

战略性新兴产业,是以重大前沿技术突破和重大发展需求为基础,对经济社会全局和长远发展具有重大引领带动作用的产业。党的十八大以来,国务院先后出台《关于积极推进"互联网+"行动的指导意见》《促进大数据发展行动纲要》"十三五"国家战略性新兴产业发展规划》等重大政策文件,促进战略性新兴产业发展规模不断壮大,质量不断提升。随着绿色消费、信息消费、健康消费的蓬勃发展,战略性新兴产业的发展也取得了骄人的成绩。由于战略性新兴产业是各行各业的高端核心环节,政府和骨干企业对新兴领域的投资和技术研发一直比较重视。持续的发展潜力吸引了资本市场积极投资战略性新兴产业,整个"十三五"期间产业投资热度不断攀升,2016—2017年,投资额年均增速为8.9%,如图3-22所示。虽然从2014年开始,受制于产能过剩、外需不旺、盈利较难、实际利率高企等因素,战略性新兴产业投资增速持续下降为22.16%、18.51%,但同期我国制造业整体的投资规模增长率只有13.5%、11.3%,战略性新兴产业的投资规模增长速度要远远快于整体制造业。2015年战略性新兴产业稳步推进,投资规模高达13 907.37亿元,其中2015年新增固定资产投资额10 231.24亿元,占73.57%。2014年投资规模更是首次突破万亿大关,达到11 735.19亿元;施工项目数13 435个,新开工项目数8 352个,项目建成投产率62.16%。

综上所述,"十三五"期间,随着社会经济的发展与国家对战略性新兴产业的政策支持和资金注入,党中央和各级政府重视实体经济的发展,我国战略性新兴产业进入了"黄金发展时期"。七大战略性新兴产业的增长速度远远大于同期工业增长速度,对GDP的拉动效果显著,产业规模持续扩大,战略性新兴产业发明专利申请量不断增加,重点领域的自主研发取得突破性进展,获得了一批技术创新成果。

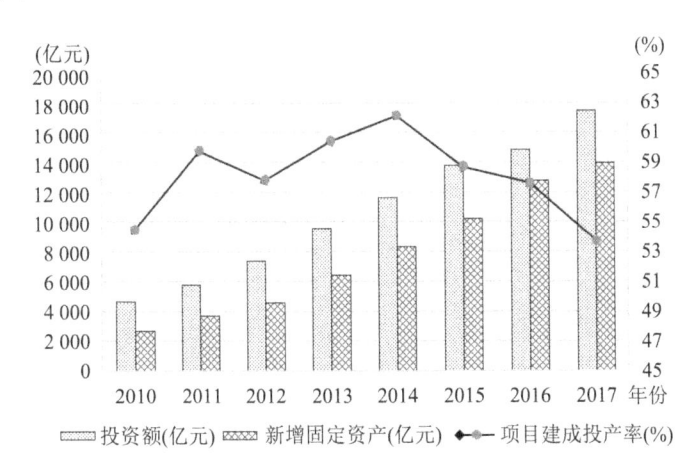

图3-22 2010—2017年战略性新兴产业完成投资额及新增投资额[①]

---

① 数据来源:《2019中国战略性新兴产业发展报告》。

3.2.3 融资方式

目前,国内战略性新兴产业融资渠道主要包括内部资本融资、政策性融资、股权性融资和债权性融资。其中,内部资本融资非常有限,主要因为近两年企业资金链普遍紧张;政策性融资主要以中央财政设立专项资金为主,并通过政策引导和示范鼓励、建立创业投资引导基金等方式对创业投资公司和创业企业进行直接或间接的股权性融资扶持;股权性融资则需要在不同阶段分别采取天使投资、创业投资和私募股权投资等融资方式。

当前,我国对战略性新兴产业的政策性融资方式主要是在延续过去针对高新技术研发和产业化过程相关办法的基础上,中央财政设立专项资金,并通过政策引导和示范鼓励、支持地方政府建立创业投资引导基金等方式对创业投资公司和创业企业进行直接或间接的股权性融资扶持。不过,产业投资基金一直处于试点阶段,且多以区域性投资为主,对战略性新兴产业虽有所倾斜,但不够突出。战略性新兴产业成长过程具有动态竞争性、发展前景具有不确定性,市场化融资应以股权性融资为主,债权性融资为辅。在股权性融资过程中,应在产业发展的不同阶段,分别采取天使投资、创业投资(VC)和私募股权投资(PE)等专业化规范运作的融资方式,实现不同投融资方式在战略性新兴产业的发展不同阶段的分工与合作[132]。也就是说,战略性新兴产业的培育和发展需要发挥政府和市场的双重作用,构建政府和市场协同的融资体系。

在银行信贷融资方面,央行、银保监会要求银行提高制造业中长期贷款和信用贷款占比,制定制造业年度服务目标,明确强化对战略性新兴产业、制造业转型升级重点领域的支持;在股权融资方面,证监会则正在推动符合国家战略的高新技术产业和战略性新兴产业相关资产在创业板重组上市。一些地方政府也正通过专项引导基金的方式引导社会资本投资战略性新兴产业,以及推动科创企业的投贷联动创新试点。

值得注意的是,在新兴产业融资需求旺盛而股权性融资体系尚

3 我国战略性新兴产业金融支持及技术创新现状分析

不成熟的背景下,债权性融资显示出迅速扩张的势头。根据中国证监会的数据,2016—2018 年,共核准 212 家战略性新兴产业企业在沪深交易所上市,融资金额达 1 262.27 亿元,占比 24%。"十三五"时期,地方财政和金融机构不断加大对战略性新兴产业的支持力度,新兴产业投资需求大多得到满足。2019 年国家发展改革委发布《关于加快推进战略性新兴产业集群建设有关工作的通知》(发改高技〔2019〕1473 号),将 66 个产业集群纳入战略性新兴产业集群发展工程。按照城市群概念划分,第一批国家级战略性新兴产业集群主要集中在东部沿海、长江经济带,其中长三角城市群、长江中游城市群、京津冀城市群、山东半岛城市群、粤港澳大湾区城市群占比达 70%。国家级战略性新兴产业集群分布情况如图 3-23 所示。

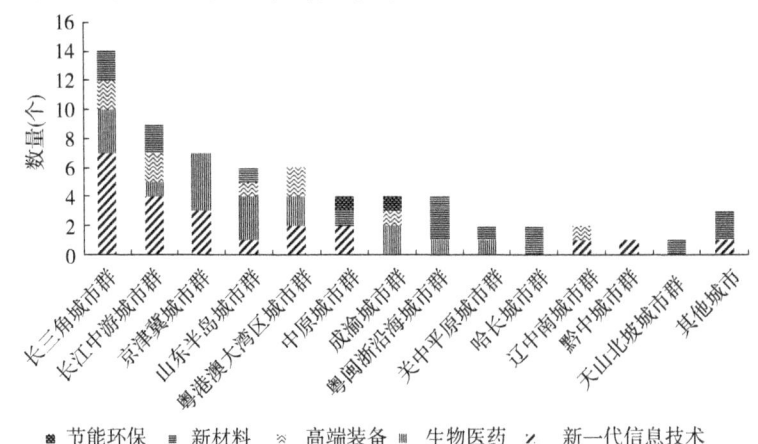

图 3-23 国家级战略性新兴产业集群分布情况[①]

目前,全国各地积极跟进中央关于战略性新兴产业的决策和规划,各级政府纷纷提出与之呼应甚至更为先进的发展规划,部分政府、企业一哄而上,对战略性新兴产业进行投融资,忽视了新兴产业的前瞻性和

---

① 数据来源:中国工程科技发展战略研究院.2023 中国战略性新兴产业发展报告[M].北京:科学出版社,2023.

风险性等特点,投资运行机制不健全、融资机制不完善、政府调控监管机制建设相对滞后等问题突出。面对战略性新兴产业发展的新机遇,加快战略性新兴产业发展需要强有力的投融资体制机制支撑。

3.2.4 融资结构

当前,我国战略性新兴产业上市公司总体融资结构依然存在债权融资占比高等问题,但是细分结构呈现了优化的趋势。由图3-24可知,从股权融资来看,近年来IPO融资占比呈现上升趋势,尤其是2017年IPO融资占比超过20%,而增发融资下滑至80%以下。由

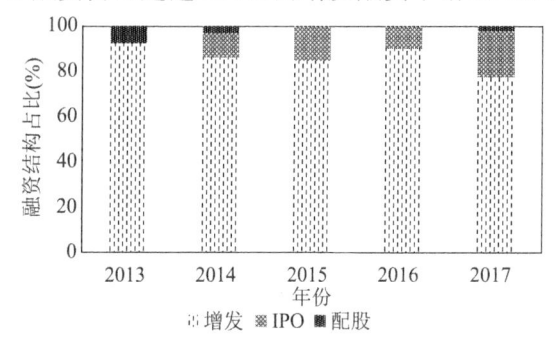

图3-24 2013—2017年战略性新兴产业上市公司股权融资结构变化[①]

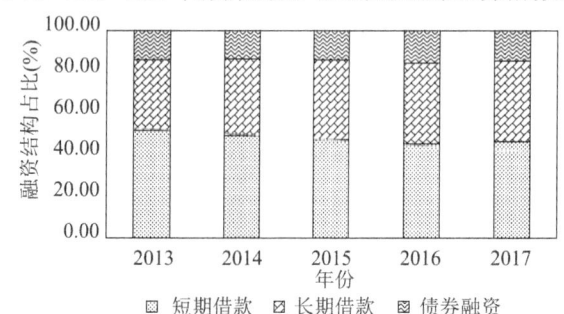

图3-25 2013—2017年战略性新兴产业上市公司债权融资结构变化[②]

---

① 数据来源:《2018中国战略性新兴产业发展报告》。
② 同①。

图 3-25 可以看出,从债权融资角度来看,在"十二五"以来战略性新兴产业上市公司的债权融资来源中,债券融资和金融机构长期借款的比例明显增大,至 2017 年,两种渠道融资所占的比例分别达到了 14.6% 和 38.8%,处于较高水平。

3.3 我国战略性新兴产业技术创新现状分析

在我国,战略性新兴产业相关数据的统计工作正处于起步期,还未建立科学完善的战略性新兴产业数据统计体制,很多指标的宏观数据难以获得。近年来,我国多层次市场的逐渐完善为大量战略性新兴产业企业上市融资提供了契机,同时也使得上市企业对宏观经济的波动更加敏感,以产业内上市公司为样本,对其技术创新情况进行更深层的分析可以为观察战略性新兴产业技术创新现状以及未来的发展情况提供诸多利好条件。基于此,为了考察战略性新兴产业上市企业的技术创新发展趋势,基于数据的完整性和样本的代表性,本节选取涉及平安证券发布的新能源指数、新能源汽车指数、新一代信息技术指数、节能环保指数、生物指数、高端装备指数和新材料指数的 433 家成分股上市公司 2011—2018 年的数据作为研究样本,对战略性新兴产业技术创新的投入及产出进行统计分析。

3.3.1 技术创新投入不断加大

研发经费支出是企业技术创新的一项关键投入要素,在创新驱动发展战略引领下,战略性新兴产业上市公司创新活力进一步迸发。2018 年,战略性新兴产业上市公司平均研发支出达到 2.2 亿元,同比提升 19.4%,同期研发强度达 6.88%,高出上市公司整体 1.82 个百分点[1](见图 3-26)。

---

[1] 中国工程科技发展战略研究院. 2020 中国战略性新兴产业发展报告[M]. 北京:科学出版社,2019.

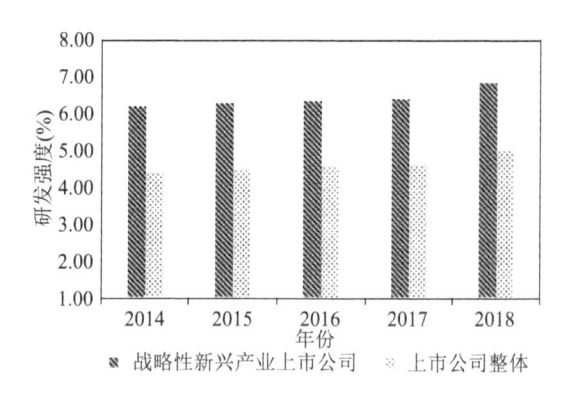

图 3-26 战略性新兴产业上市公司和 A 股上市公司研发强度对比

3.3.2 技术创新产出持续扩大

进入"十三五"时期,我国战略性新兴产业创新引领优势开始凸显。截至 2016 年底,我国战略性新兴产业发明拥有量达 71.9 万件,同比增速为 17.4%,占我国发明拥有量的比重为 40.5%。其中,战略性新兴产业国内(含港澳台)发明拥有量达 42.9 万件,同比增速为 21.2%,占国内发明拥有量的比重为 37%。经过"十二五"期间的培育发展,在"十三五"阶段,我国战略性新兴产业发明专利申请量和发明专利授权量进一步提升。

从图 3-27 的发明专利申请量情况来看,2012—2016 年,我国战略性新兴产业发明专利申请得到受理并公开的数量总计约 140 万件,在同期所有发明专利申请中占比达到 35%。2016 年,我国战略性新兴产业发明专利申请公开的数量超过 35 万件,与 2012 年相比增加了 70%。

从图 3-28 的发明专利授权量情况可以看出,2012—2016 年,战略性新兴产业发明专利授权量整体呈增长态势,2016 年我国战略性新兴产业发明授权 15.8 万件,同比增长 23.8%,是 2012 年的 1.7 倍,增速比我国发明授权平均水平高 11.3 个百分点。这 5 年期间我国战略性新兴产业发明专利申请累计授权量达 56.3 万件。

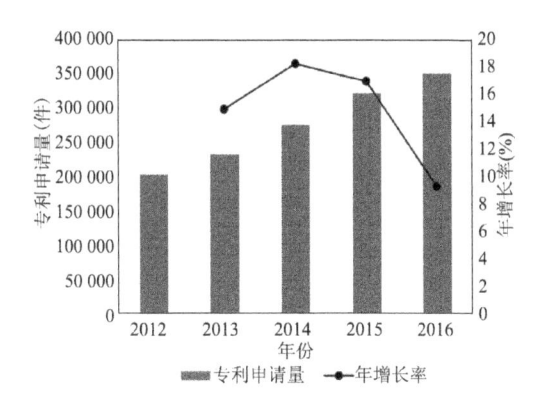

图 3-27 2012—2016 年我国战略性新兴产业发明专利申请情况①

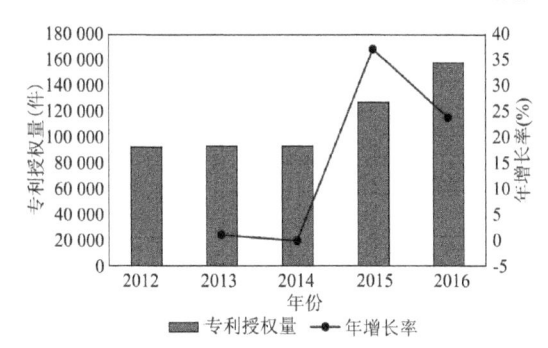

图 3-28 2012—2016 年我国战略性新兴产业发明专利授权情况②

3.4 我国战略性新兴产业金融支持的环境因素

3.4.1 工业发展水平方面

根据《中国经济增长报告 2014—2015》中对各区域工业化阶段的

---

① 数据来源：国家统计局社会科技和文化产业统计司.中国高技术产业统计年鉴——2017[M].北京：中国统计出版社,2017.
② 数据来源：国家统计局社会科技和文化产业统计司.中国高技术产业统计年鉴——2017[M].北京：中国统计出版社,2017.

测评结果,2014年我国东中西部三大区域的工业化指数分别为72、28、19。按照该报告对工业化阶段的划分,我国东部地区大都处于工业化中期的后半阶段,北京和上海甚至已经达到后工业化阶段;中部地区大都处于工业化中期和工业化初期的后半阶段;西部地区则大多处于工业化初期的后半阶段,少数省(市)达到工业化中期阶段。当然我们也可以从各区域工业增加值占GDP的比重来反映其工业基础,从各区域工业发展水平(图3-29)来看,西部地区与东、中部地区存在较大的差距。就现阶段的经济发展水平而言,东部地区人均GDP和人均消费能力都要比中、西部地区更高,因此对战略性新兴产业的消费需求也更大,产业基础也更为雄厚。

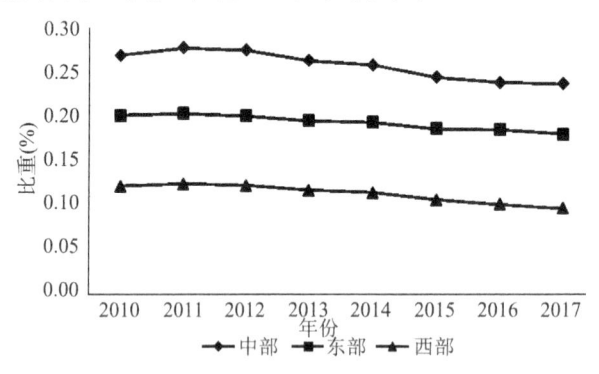

图 3-29　东中西部工业增加值占 GDP 比重变化趋势图[①]

3.4.2　资源禀赋方面

如表3-5所示,将各省份自然资源丰富度指数排序,西部各省份排名靠前,中部和东部地区相对靠后。西部地区自然资源丰富程度优于中部地区,中部地区又优于东部地区。在战略性新兴产业中,新能源产业和新材料产业发展初期对于资源的要求较高,因此在发展这些产业时,国家应该在政策上适度向中西部地区倾斜,

---

① 中国工程科技发展战略研究院.2019中国战略性新兴产业发展报告[M].北京:科学出版社,2018.

一方面可以促进区域经济的协调发展,另一方面也可以实现资源的最优化利用。从区域比较差异来看,西部地区生物资源丰富,生物医药产业发展更具有优势,可以被作为新兴产业进行培育,成为新的经济增长点和就业吸纳点。西部地区拥有丰富的水能、风能、太阳能等清洁能源,在发展新能源产业上无疑具有先天的优势。当然,东部地区基于沿海的优势,在潮汐能和风能上也有用武之地。中部地区现阶段是我国最为重要的煤电、化工、钢铁和有色金属工业基地,矿产资源和有色金属资源丰富,这为新材料产业的发展提供了优越的条件。从现阶段来看,东部地区受益于政府政策的扶持,新材料产业已经形成了一定规模和集聚,而中西部地区则是呈现出零星的布局,这似乎与资源的丰富程度相悖。可以预见的是,在未来一段时期内,中西部地区新能源产业、新材料产业具有广阔的发展空间且呈现出快速的发展态势。东部沿海地区拥有天然的海洋资源,海域面积广阔,也是传统的造船业聚集地区,拥有发展海洋工程装备制造业的基础,在战略性新兴产业布局时也应该进一步深化发展,实现产业化生产。

表 3-5 我国主要地区自然资源丰富度指数排序[①]

地区	西藏	青海	内蒙古	新疆	云南	山西	黑龙江	贵州
位次	1	2	3	4	5	6	7	8
地区	宁夏	四川	陕西	甘肃	广西	安徽	辽宁	吉林
位次	9	10	11	12	13	14	15	16
地区	江西	河南	河北	湖南	福建	山东	湖北	广东
位次	17	18	19	20	21	22	23	24
地区	北京	浙江	天津	江苏	上海	海南	—	—
位次	25	26	27	28	29	30	—	—

① 何雄浪,李国平.产业集群演进机理与区域发展研究[M].北京:中国经济出版社,2009.

3.4.3 金融中介发展水平方面

随着经济和金融的发展,金融中介在产业发展的过程中扮演着越来越重要的角色,区域金融中介的发展水平直接影响着战略性新兴产业的资金周转与流动。我国现有的金融中介体系仍然是以银行为主导的,我们以区域金融机构贷款余额占 GDP 的比例来对东中西部金融中介发展水平进行比较,如图 3-30 所示。在经历了 2008 年的金融危机以后,各区域金融中介机构纷纷进行风险控制与内部改革,金融中介发展水平也开始回升。其中东部地区的金融中介发展最为发达,西部地区金融中介发展水平最低。从长期趋势来看,东中西部地区的金融中介发展水平均不断上升,在经济出现颓势时,金融体系受到的冲击要小于实体产业,因此更要发挥各区域的金融中介作用,来避免实体经济的进一步下滑。

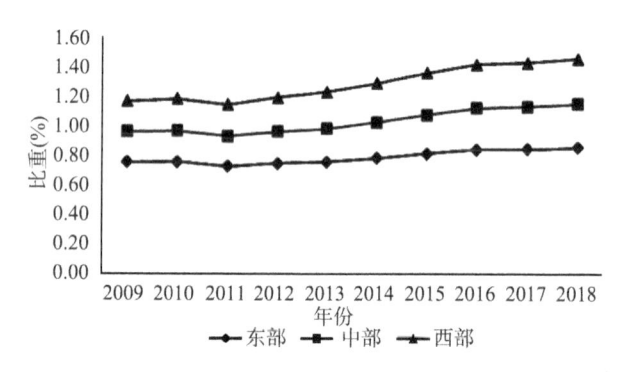

图 3-30 东中西部区域金融机构贷款余额占 GDP 比重变化趋势图[1]

3.4.4 对外开放度方面

区域生产效率受区域内先进生产技术和管理经验扩散速度的影响。技术扩散速度越快,生产者越容易获得先进技术和管理经验,在既定的投入条件下提高产出水平,生产者的实际生产点就更接近潜

---

[1] 数据来源:中国人民银行,http://www.pbc.gov.cn/。

在最大产出点,所以生产者乃至整个区域的技术效率也随之提高。反之,生产者难以通过技术扩散的方式来获取先进技术和管理经验,技术效率水平也就显得较低。技术进步是区域经济增长的重要动力之一,而技术进步离不开人才的作用,尤其是高素质、高端人才。从图3-30可以看到,东部地区高等院校的数量增长最快,中部仅次于东部,而西部地区与东中部地区相差较大。地区高等院校的数量在很大程度上体现了地区人才的数量与质量。基于此,东中部地区与西部地区相比,技术创新水平更高,创新体系更为完善,在战略性新兴产业的发展上技术优势更为明显,而战略性新兴产业是集高技术、高研发为一体的,特别是新一代信息技术、新能源电动汽车、高端装备制造业等领域对技术的要求较高,因此东、中部地区可以利用已有优势优先发展,并逐步向西部地区转移和集聚。当然,中部和西部地区也并不是无可作为,而是可以在一些细分领域上重点发展、重点突破。

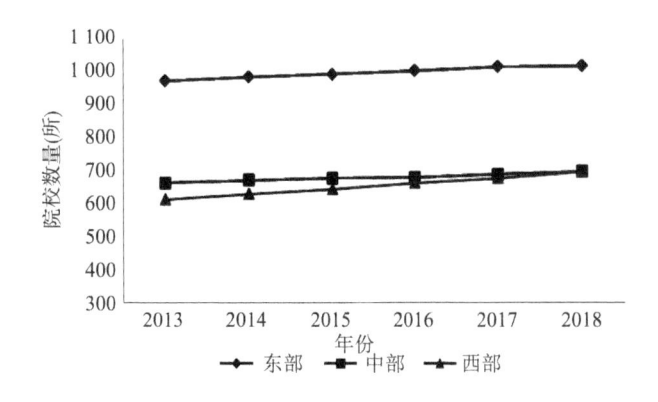

图3-31 东中西部高等院校数量变化趋势图[①]

3.4.5 企业所有制类型方面

如表3-6所示,从上市公司行业以及区域分布来看,我国战略性

---

① 数据来源:中华人民共和国教育部,http://www.moe.gov.cn。

金融支持对战略性新兴产业技术创新的影响研究

新兴产业分为七大产业：节能环保产业、新一代信息技术产业、生物产业、新材料产业、新能源汽车产业、高端装备制造业和新能源产业。其中，新一代信息技术产业和新能源产业的上市公司最多，节能环保产业和生物产业的上市公司最少。战略性新兴产业的区域分布较为分散，七大产业以及东中西部发展不平衡，国有企业和民营企业对产业的投资偏好具有很大差异。据统计，从数量上来看，在528家战略性新兴产业上市公司中，虽然国有上市公司仅为民营上市公司的三分之一，国有企业仍然是我国战略性新兴产业的核心主体力量。

战略性新兴产业上市公司主要集中在广东、北京、浙江、江苏、上海等我国区域经济最为发达的地区，这些地区国有经济力量雄厚，民营经济最为活跃，经济实力和产业基础都比较强，因此战略性新兴产业上市公司数量也最多。而中、西部地区经济并不活跃，产业基础薄弱，消费市场不足，导致战略性新兴产业上市公司总量偏少。国有企业和民营企业在产业投资上差异较大。在每个行业中，民营企业数量都占有很大比重。

表3-6　2018年沪深两市战略性新兴产业上市公司行业分布情况[①]

行业及区域	国有企业 数量（家）	国有企业 占比（%）	民营企业 数量（家）	民营企业 占比（%）	合计 数量（家）	合计 占比（%）
节能环保	16	12.12%	43	10.86%	59	11.17%
新一代信息技术	24	18.18%	70	17.68%	94	17.80%
生物	10	7.58%	49	12.37%	59	11.17%
新材料	8	6.06%	69	17.42%	77	14.58%
新能源汽车	28	21.21%	32	8.08%	60	11.36%
高端装备制造	11	8.33%	77	19.44%	88	16.67%
新能源	35	26.52%	56	14.14%	91	17.23%
东部地区	79	59.85%	309	78.03%	388	73.48%

---

① 资料来源：万得数据库。

(续表)

行业及区域	国有企业 数量(家)	国有企业 占比(%)	民营企业 数量(家)	民营企业 占比(%)	合计 数量(家)	合计 占比(%)
中部地区	32	24.24%	49	12.37%	81	15.34%
西部地区	21	15.91%	38	9.60%	59	11.17%
合计	132	100.00%	396	100.00%	528	100.00%

注：表中百分数已四舍五入，取约数。

3.5 本章小结

本章首先从产业结构、产值和从业人员几个角度对我国战略性新兴产业现状进行了统计分析。总体而言，七大战略性新兴产业均衡发展，在经济下行压力较大的情况下，战略性新兴产业仍能保持较快的发展态势，对国内经济的支撑作用日益明显。其次，本章分析了我国战略性新兴产业的金融支持现状，新兴产业领域投资热度不断攀升，研发投入总量不断扩大，产业融资需求不断增加，融资方式也在不断创新，但融资机制不健全、投资机制不完善、金融监管体系发展相对滞后等问题非常突出。再次，本章从创新投入和创新产出两个角度对我国战略性新兴产业技术创新现状进行了阐述，目前我国战略性新兴产业发展势头强劲，研发经费投入和技术人员投入不断加大，创新产出持续扩大。最后，本章从各区域经济、资源、社会、技术以及环境等方面入手，对东中西部战略性新兴产业的区域发展进行比较与分析，东中西部呈现出明显的不均衡发展态势。

4 发达国家战略性新兴产业发展的经验借鉴

4.1 美国新能源产业的经验借鉴

4.1.1 融资机制

2008年金融危机后,美国选择将发展重心转移到新能源产业。美国新能源产业的融资机制比较成熟,投资主体多元化,融资机制主要分为金融市场融资和政府金融支持,以市场融资为主导。美国成熟的金融环境,为新能源产业提供了充足的资金支持,同时,美国政府严密的法律体系和严谨的监管体系激发了产业需求,为其创造了广阔的市场。

(1) 市场融资机制

在融资市场中,美国拥有庞大的银行系统、成熟的证券市场和多种多样的金融中介机构。截至2019年,美国共有5 193家银行,其中有4 521家商业银行、662家储蓄银行。银行作为间接融资的主要方式,在新能源产业的融资方面发挥着重要的作用。

通过银行进行融资的方式是新能源产业中最普遍的,其融资结构如图4-1所示。

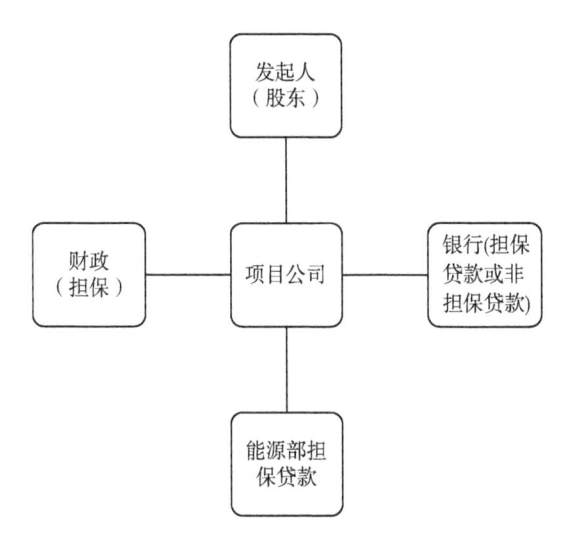

图 4-1 美国银行在新能源产业的融资结构

美国的证券行业非常成熟,可以满足各类企业的融资需求。美国共有三大证券交易所,包括纽约证券交易所、美国证券交易所和纳斯达克证券市场。其中,纳斯达克证券市场是美国上市公司最多、交易量最大的证券市场,美国有97%的新能源企业选择在纳斯达克上市,上市企业包括风电企业、太阳能制造企业、电子材料企业等。2016年,特斯拉(Tesla)以26亿美元收购太阳城(Solar City),进驻光伏业;2020年初,特斯拉宣布将太阳能技术运用到家庭,准备打开美国和中国市场。

在融资租赁制度中,美国通过稳定的税法、灵活的税收优惠,将新能源产业补贴转移到投资者手中,驱动社会资本涌入新能源领域,一方面缓解了政府预算压力,另一方面也保障了新能源产业资本充足。税收抵扣、加速折旧的规范制定充分体现了对市场价值规律的尊重,发挥市场在资源配置中的积极作用。当政府更注重其监管的职能定位时,相应的设租寻租风险也得以分散。财政补贴是小资本,社会资本才是大资本,以小资本撬动大资本,可实现新能源产业促进法律手段的市场化。

除了传统的证券融资,天使投资、风险投资成为新兴的投资模式。天使投资是投资者在企业创业期介入,是一种价值投资,而风险投资是对成熟期的企业进行投资,等待成熟企业上市后套现的一种投资模式。美国太阳能产业在 2009 年获得了 14 亿美元的风投资金,占据了当时太阳能产业资本总量的 35%[133]。在美国,风险投资最典型的案例是硅谷模式,该模式通过产业集聚的方式将与产业相关的学校、企业、金融机构、政府、人才等资源汇集在一起,解决了融资问题的同时,也保证了人才的延续性,为产业发展保驾护航。硅谷模式在企业初创期为企业解决了融资困难的问题,能有效地扶持微小企业的成长,为新能源产业注入新鲜血液。可见,随着新能源产业的快速发展,新兴融资模式在新能源产业中越来越重要[134]。

(2) 政府金融支持

政府金融支持分为直接投资、财政拨款等方式。美国政府通过直接投资的方式,曾于 2009 年拨款 970 亿美元投资新能源产业;为研发新能源,设立"能源研究中心",并投入约 1500 亿美元。美国政府还通过设立投资绿色基金等方式,帮助建立相关的基础设施,如宾夕法尼亚州依托绿色投资基金的优势,吸引更多私人资本跟投,参与绿色基础设施建设,解决了资金问题,也通过多元化融资的方式,分担了潜在投资风险[135]。同时,美国政府通过财政拨款等形式引导企业和金融机构关注新能源领域的发展。宾夕法尼亚州政府利用财政拨款开展城市生活垃圾回收与资源化项目,居民可按废物再利用的价值换取消费场所的代金券,在处理了废物的同时也增加了内需,一举两得。

总而言之,新能源产业属于战略性新兴产业,初期的投资与回报之比很高,单个部门和机构无法支撑整个产业的资金需求,所以美国政府从各个方面吸引投资,除了政府金融支持、银行金融支持和证券市场融资以外,新兴的投资方式层出不穷,为美国新能源产业添砖加瓦。

4.1.2 融资政策

在美国新能源产业的发展过程中,政府除了通过金融手段支持以外,还根据新能源产业的自身特点,制定了相应的法律,出台了对应的政策。新能源产业是美国在 20 世纪末开始重点扶持的产业,2008 年金融危机发生以后,美国政府就加大了对战略性新兴产业的投入,实行多种政策促进战略性新兴产业的发展,以带动经济的复苏。2009 年,美国政府颁布《美国复苏与再投资法案》,投资总额为 7 870 亿美元。这部法案重点投资新能源产业,具体实行的政策有利用税收优惠政策鼓励购买新能源汽车、减少温室气体排放等。美国加利福尼亚州政府颁布《公共设施法》,规定符合要求的能源公司可获得政府补贴,弥补可再生能源成本高于其他能源市场价格的缺陷,促进新能源市场的开拓[136]。

为保护电力能源,鼓励新能源的开发利用,1978 年美国联邦政府推出《公用事业监管政策法》。该法案提出新能源电力零售政策,要求各地的公共电力公司,以"可避免成本"购买小型电厂新能源发电设施生产的电力,并为新能源发电商提供上网互联服务。为了回应该法规定,部分州监管机构制定了长期电力购买合同的范本,供公用事业企业和新能源发电企业采用,给新能源发电企业的投资收益提供法律和合同的双重保障。2012 年,美国国家可再生能源实验室创立 SAPC(Solar Access to Public Capital,太阳能进入公共资本)工作组,旨在推动光伏电站资产证券化,促进美国资本市场光伏项目的投资。SAPC 的主要工作内容是对电站资产相关协议进行标准化,包括电力购买合同、电力租赁合同。其中光伏发电商除了与公共电力公司签订电力购买合同之外,还可与资本实力雄厚且欲更换新能源发电系统的企业签订电力购买合同,如 2014 年 NRG 能源公司与米高梅国际酒店签订电力购买合同,为其承建 11 万多平方米的太阳能光伏屋顶项目。而电力租赁合同则多应用于发电商与居民用户、中小企业之间。这两种合同的共性在于光伏发电商可以通过一个 20

年期限的法律合同,保证光伏系统价值以电费或租金的形式按月兑现,从本质上来说是一个长期的固定收益产品。

加速折旧是企业享受税收优惠的一种方式,企业按照税法规定,通过提高折旧率或缩短折旧年限的办法,在使用年限初期将固定资产提列较多折旧,以减少初期应纳税所得额。这种方法十分契合新能源企业早期投入成本高的经营模式,企业通过加速折旧可以在较短的时间内回收设备投资成本,增加当期的生产者剩余。而这种避税所得可以通过融资租赁的模式让渡给投资者,从而增强了新能源企业的融资吸引力。美国《1986年国内税收法》规定对利用太阳能、风能、地热能、生物质能等可再生能源的设备实施折旧期为五年或七年的固定资产加速折旧政策,该政策后在2008年经法案《能源改善与延长法》的修改,对2008年取得所有权并投入运营的合格可再生能源设备实施第一年"50%的奖励性折旧"。在融资租赁模式下,税务投资人以投资基金的方式进入新能源投资市场,这种融资方式又被称为税务融资(Tax Financing)。从投资方的角度看,其可以通过税收抵免及加速折旧避税的方式享受稳定且丰厚的税收优惠;从融资方的角度看,其实现了企业与社会私人资本的对接,拓宽了融资渠道、融资规模。

收益公司是一种收益导向型的融资工具,这是新能源企业盘活现有资产的金融手段,目前仅在美国能源金融领域应用。母公司将可产生稳定现金流的资产置入子公司,再设立收益公司并上市发行股票,通过股权控制实现母公司、收益公司和投资者三方对资产未来现金流的收益分红。这种模式的特点在于将波动性活动(例如研发、建设、技术更新)与稳定的经营性资产现金流剥离开,可以降低融资成本。这种模式更像是资产证券化的一种进化,通过资产证券化组建新能源资产池,进一步成立独立公司公开上市交易。2013年,收益公司融资模式在新能源产业萌生,至今已有多家收益公司上市交易。

财税政策支持方面,《美国复苏与再投资法案》中,政府出资130

亿美元用于对可再生能源生产的税收抵免。税收优惠政策方面,美国联邦政府规定新能源项目可通过加速折旧的方式减轻税负,20多年的资产只需要按5年计提折旧,降低了新能源使用的成本。2017年以前的风电、太阳能项目,美国税法规定允许按项目投资成本的30%进行税收扣减,其他清洁能源技术按投资额的10%进行扣减。2017年1月1日起,所有清洁能源项目的投资税收扣减额统一下调为10%。针对新能源项目生产的电力,美国税法也给予一定的税收扣减,利用风能等新能源生产出来的电力在运营的第一个10年间可以获得每兆瓦时22美元的税收扣减[137]。

美国政府除了鼓励生产新能源外,也鼓励居民使用新能源,《2005年能源政策法案》中规定居民使用太阳能、节能窗等,每户可得至多500美元的抵税额。2008年,美国政府修订了《2005年能源政策法案》,延长了税收优惠的期限。其中,住宅与商用大楼使用太阳能发电30%投资租税抵减制度将延长8年,风力发电延长1年,住宅光伏项目延长2年;同时还取消了原政策中每户居民光伏项目2 000美元的减税上限[138]。

4.2 日本新能源汽车产业的经验借鉴

4.2.1 融资机制

日本的融资机制是以银行为主导的政策性融资机制,辅以完善的商业银行体系、信用担保体系和市场投融资体系[139]。日本凭借这种融资机制,实现了新能源汽车产业的快速发展。日本这种融资机制的建立可以追溯到二战后,由于日本战败,国内面临缺乏资源的困境,日本通过计划配置资源的方式度过难关。在这一背景下,日本的银行系统作为金融中介,得到了迅猛的发展,从而形成了日本现有的以银行为主导的政策性融资机制[140]。

在以银行为主导的政策性融资机制下,银行是企业的主要资金来源,在融资、信息交流和公司投资方面,银行与企业之间存在紧密联系。在图4-2中,实线代表资金的主要流动方向,虚线表示次要流动方向。

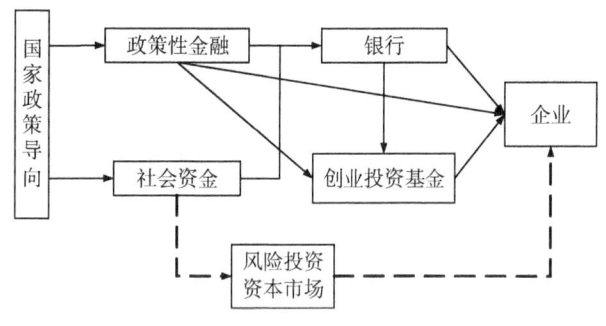

图 4-2 日本的融资结构

(1) 银行在融资过程中的主导地位

日本在战后成立多家政策性金融机构,为战略性新兴产业的发展提供了主要的资金支持,如表4-1所示。这些政策性金融机构可以满足不同企业的要求,为战略性新兴企业提供资金,也很好地引导了金融机构和民间资本进入战略性新兴产业。

表 4-1 日本主要的政策性金融机构[①]

机构名称	设立目的	服务对象	资金来源
商工组合中央金库	提供无担保贷款、票据贴现等金融服务	各协会团体	政府拨付的资本金、发行债券
国民金融公库	提供维持生产的小额周转资金贷款	规模较小的中小企业	政府拨付的资本金、政府借款
日本开发银行	提供长期贷款	开发性产业	政府拨付的资本金、发行外债、外币借款、财政借款
	补充、奖励	金融机构	
中小企业金融公库	提供设备贷款、周转贷款	规模较大的中小企业(侧重重点产业)	政府拨付的资本金、发行外债、外币借款、财政借款

---

① 资料来源:李建伟. 技术创新的金融支持:理论与政策[M]. 上海:上海财经大学出版社,2005:171-172.

除了政策性金融机构外,日本还有众多商业银行,包括全国性的商业银行、地方性的商业银行、信用金库等。此外,日本还有2000多家民间金融机构,落实政府的政策和为中小企业融资。民间金融机构主要服务于中小企业,具有明显的地方特征,采用会员制度,互帮互助[141]。

(2) 独特的信用担保体系

为降低金融风险,日本拥有全面的信用担保体系,大多数担保机构是由政府出资建立的,在全国范围内实行较低的信用保证收费和健全的风险控制机制,信用担保体系的建立使得中小企业能够获得充足的资金[139]。信用保证协会在每个区域都有分支机构,属于独立法人机构,其将自有资金放在贷款银行,通过贷款银行给企业发放贷款。这一担保体系由日本政府承担所有风险,从而保证了整个信用担保体系的正常运转。

(3) 金融机构的提升作用

丰田、日产、本田等日本核心企业均设有自己独立的金融机构,可以为顾客提供相应的购车贷款服务,具体如表4-2所示。丰田公司在2000年成立丰田金融服务株式会社,为其客户提供专业购车贷款服务,并在世界多个国家投资设立汽车金融公司。日产的金融政策将机构客户(营运机构和非营运机构)纳入金融贴息范围,使其旗下符合载客条件的专车大受欢迎。本田则采取低首付、小额贷款等优惠政策吸引客户。为拓展海外业务,日本新能源汽车企业在全球不同销售地区选择与当地银行合作,共同推出贷款业务,实惠周到的金融服务是日本新能源汽车企业在海外站稳脚跟的原因之一[142]。

表4-2 日本新能源汽车畅销车型代表及金融方案

车型	品牌	金融方案
卡罗拉	丰田	"双卡双待"12期0利率 24期/36期低息 附加贷,最长36期低息 定保贷、保客贷、田园贷

(续表)

车型	品牌	金融方案
轩逸	日产	1~2年免息 2~5年低息 安心贷、组合贷款
雅阁	本田	12期0利率 "515"超低日供15元起

(4) 政府金融支持

依据日本经济产业省制定的"节能环保汽车减税"政策，消费者在购买符合一定条件的汽车产品时，可享受税费减免，有关计划如表4-3所示。日本政府大力支持新能源汽车发展，同时限制大排量汽车使用，例如对购买11年以上的柴油车和13年以上的汽油车加收10%的税。

现阶段日本政府主要实施的财政补贴有CEV（清洁能源汽车）导入补贴、充电设施补贴、加氢设施补贴等。CEV导入补贴全称为促进新能源汽车导入的对策补贴。CEV导入补贴计算方法根据车型有所不同，EV（纯电动车）、PHV（插电式混合动力车）着眼于与续航里程直接相关的蓄电池容量，FCV（燃料电池车）、CDV（基于轿车平台的厢式车）着眼于补贴该车与同一级别汽油车裸车价格的部分差额。

表4-3 日本新能源汽车战略规划

年份	计划	内容
1965	新能源汽车列入国家项目	开始研发电动车
1974	"阳光计划"	以新能源开发为中心
1978	"月光计划"	以节能技术研究与开发为中心
1979	《节约能源法》	严格规定能源消耗标准
1989	"地球环境开发计划"	重视环境问题
1993	"新阳光计划"	能源、环境领域综合技术开发
1997	《促进新能源利用特别措施法》	定义新能源包括供给方新能源和需求方新能源，新能源汽车和燃料电池属于需求方新能源

(续表)

年份	计划	内容
2002	《日本电力事业者新能源利用特别措施法》	促进"新能源国家标准"的实施
2004	"新能源产业化远景构想"	扶持太阳能和风能发电等新能源技术
2005	《京都议定书》(生效)	限制温室气体排放
2006	"新国家能源战略"	支持和促进新能源合作创新计划
2010	"新阶段日本的战略能源计划"	应对能源挑战,促进可持续能源的使用和能源效率提高
	《下一代汽车战略2010》	"下一代汽车"总销量比例达到50%,设置充电站等
2015	《日本的承诺(草案)》	确定2030年温室气体排放比2013年削减26%的目标

4.2.2 融资政策

日本作为新能源汽车领域的大国,20世纪末以来,就不断开发各种新能源汽车,也逐步建立起一套新能源汽车政策支持体系。2007年,日本经济产业省发布《下一代汽车及燃料计划》。2009年,环境省推出《下一代汽车普及战略》。2010年4月,经济产业省出台《下一代汽车战略2010》,该战略首次对环保类汽车进行了详细的划分,包括混合动力车(HV)、纯电动车(EV)、插电式混合动力车(PHV)、燃料电池车(FCV)等环保车型。《下一代汽车战略2010》的规划目标之一是到2030年,HV、EV、PHV等车型份额达到50%～70%,占新车总量的80%。这些政策都为发展日本的新能源汽车产业提供了强有力的后盾[143]。

"日本再兴战略"(2013年6月日本内阁会议通过)提出应通过产业振兴计划强化现有产业基础,并通过实施国际战略进一步获得更大的国际市场,其中对于政府如何支持新能源汽车发展的总体要求是,促进充电等基础设施的普及,通过对消费者购买新车进行财政补贴,来提高产量、降低价格,并支持对延长续航距离、降低成本类的基础研究开发。"日本再兴战略2016"(2016年6月日本内阁会议通过)提出:① 到2020年,纯电动汽车、插电式混合动力汽车保有量要达到100万辆,燃料电池汽车的保有量要达到4万辆,到2030年,燃料电池汽车保有量要达到80万辆;② 到2020年,设立160家商业用氢燃料站;③ 到2020年,设立100家加注可再生能源制造氢燃料的(小型)站点。各级政府因为出发点不同,而战略目标略有差异,但都极为重视新能源汽车产业的发展。

日本的全国性金融支持政策主要有补助制度、减税免税措施和低息贷款三类。

(1) 补助制度

日本财政补助制度的特点是不补贴厂商而直接补贴消费者,以降低消费者的购车成本,激发消费者对于购买新能源汽车以及安装充电或者加氢设备的积极性,从而促进新能源汽车的普及。为了执行《下一代汽车战略2010》,2012年经济产业省推出"CEV(Clean Energy Vehicle,清洁能源汽车)导入补贴",补贴直接发给购买新能源汽车的消费者,对于电动汽车补贴额度的大小与所购买车型的单次充电续航里程直接挂钩。续航里程越长,补贴力度越大,来引导消费者购买更高性能的新能源汽车。该政策实际上是倒逼汽车制造商不断提升新能源汽车的性能,引导汽车制造商加大对动力电池等核心技术的研发力度,推出更高性能的产品。

普及新能源汽车,需要提高用户体验,即能够及时进行充电或者加注氢燃料,需要完善基础设施环境。为加快充电桩、氢燃料加注站点等基础设施的普及,"下一代汽车振兴中心"设立专门的资金预算用于补助消费者或从业者购买或安装充电桩、氢燃料加注设备,根据不同类别以及是购置费还是安装费,提供一定比例或者固定数额的补贴。

(2) 减税免税措施

该项制度旨在于购买和使用环节通过减税免税以降低购车成本和持有成本,达到鼓励消费者积极购买新能源汽车的目的。从2009

年 4 月开始,日本国土交通省开始推出意在促进环保车辆(包括新能源汽车和符合一定环保标准的汽油、柴油车)普及的减税政策,之后又对税制进行了修订。现在该政策由"环保车辆减税"和"绿色特例税制"两大类构成。环保车辆减税按照所购汽车的节能水平对新车购置税和汽车吨位税进行适当减免;绿色特例税制对包含插电式混合动力汽车在内的节油环保车型减免机动车税[144]。

(3) 低息贷款

公立政策性金融机构(日本政策金融公库)从投融资的角度,对新能源汽车购买和新能源汽车基础设施建设的相关个人或者企业贷款,适用降低利息的优惠政策,减少消费者或者企业的偿还贷款压力,从财政投融资方面推动新能源汽车的普及。

4.3 德国新能源产业的经验借鉴

4.3.1 融资机制

德国一直被视为全球能源转型的典范,尤其是在可再生能源利用方面。2020 年 5 月,德国太阳能和风能达到峰值,可再生能源提供了 87.6% 的能源需求,创下了历史性的纪录。德国拥有高度发达的工业,也是世界最大的能源消费国之一,但德国国内能源十分匮乏,这促使德国在 20 世纪末开始将新能源产业作为国家战略重点发展。目前,德国的新能源开发利用水平居世界领先地位,这有赖于德国政府的金融支持和独有的融资机制[136]。德国金融体系是全能银行主导型的融资机制,全能是指银行不仅有存款、放贷等一般业务,而且提供有价证券服务,银行自身也可以持有股权,所以,全能银行是银行、证券和保险的集合体[145]。在德国,中小微企业是经济的主要支撑,《中小企业板块分析》报告显示,2017 年,德国中小微企业占所有企业的 99.95%,总营业额占 88%,同比增长 4.7%[146]。

在德国战略性新兴产业的发展历程中,银行是企业的主要融资来源。2008年,德国政府融资62亿欧元用于太阳能领域,23亿欧元融资额用于风力发电领域。在所有银行中,德国复兴信贷银行(KFW)做出了较大的贡献,其开发的金融产品针对的是技术创新、绿色环保、扶贫等领域的企业。德国复兴信贷银行针对中小微企业的融资特点和需求,提供不超过20年的贷款期限,贷款时限和金额灵活可变,适合各种类型的战略性新兴企业的融资要求[147]。

同时,德国的担保体系也十分完善。在贷款中,放贷的银行承担20%的风险,担保银行总行承担28%的风险,州政府承担20.8%的风险,剩余的由联邦政府承担[148]。政府规定担保银行只能做担保业务,并通过三条保障机制保证担保银行可持续运营:一是政府通过发行公债为担保银行筹集部分资金。二是政府为担保银行提供再担保补偿。按照规定,企业一旦出险,担保银行与承贷银行的风险分摊比例为8∶2。对于这80%的风险损失,联邦政府、州政府、担保银行再进行结构性消化,在原联邦德国各州,联邦政府承担31.2%,州政府承担20.8%,担保银行承担剩余的28%;在原民主德国各州,联邦政府承担38.4%,州政府承担25.6%,担保银行仅承担剩余的16%。联邦政府对担保银行的补偿资金比例一般是5年做一次规划,会根据担保银行的损失情况进行动态调整。三是政府为担保银行免税费。为保护和扶持担保银行的发展,政府规定,只要担保银行的新增利润仍用于担保业务,担保银行便不需要缴纳任何税费。

此外,由于中小微企业的风险高,除了银行信贷这种外源融资最为保险以外,内源融资也是一个重要途径。中小微企业的抗风险能力相对较弱,故而融资风格相比大型企业更为保守。内源融资的低成本、低风险性使其成为中小微企业的重要融资来源。德国内源融资情况可以从中小微企业权益比率间接获知,《中小企业板块分析》报告显示,2005—2017年,德国中小微企业的权益比率逐年提高,2017年升至这12年的最高值31.2%,较上年提升了1.2个百分点,而这一比率在世纪之交仅为18%。2017年,德国中小微企业的总融资额的51%来自内源融资,同比增长6%。从德国中小微企业的投资资金来源分析,内源融资占比同样较高。2017年德国中小微企业用于投资的内源融资总额共计1 080亿欧元,占当年中小微企业融资总额的51%,比2016年增加了60亿欧元(增幅为6%),远高于2004—2016年的平均总额(944亿欧元),创历史新高。

4.3.2 融资政策

在德国新能源产业发展的过程中,政府政策在产业发展过程中起到了导向作用。《可再生能源法》的出台规范了可再生能源的发展,推动了德国风电、太阳能发电产业的发展。德国政府为加快风电产业的基础建设,出台《能源输送网扩建法》,以提高风电的运输效率;制定中小企业创新计划,定期对符合条件的中小企业给予资助,推动中小企业以市场为导向进行创新,确保中小企业研发成果顺利产业化[149]。

为鼓励发展生物能源,德国制定了多个有关法律和法规,主要有《再生能源使用资助指令》《农业投资促进计划》《农业领域生物动力燃料资助计划》《复兴信贷银行降低二氧化碳排放资助计划》和《可再生能源法》(EEG)等。在上述法律法规中,《可再生能源法》对生物能源的资助作了较全面的规定,用生物能源发电可获得补偿及多种补贴。

为了鼓励生物能源应用,德国采取了以下一系列措施。

(1)再生能源发电新设备投资补偿。再生能源发电新设备可获得政府的投资补偿,补偿幅度是以设备投产的年度确定的,补偿期限为20年。设备的功率和所使用的原料及技术性能(发电和供暖)决定补偿幅度。小型设备的补偿较高,是为了鼓励大众使用再生能源。为使企业不断创新,提高设备利用率,降低成本,补偿幅度每年降低1.5%。再生能源发电新设备投资补偿主要标准(欧分/千瓦时)如下:生物质发电设备补偿3.9欧分至21.5欧分;垃圾填埋、阴沟和坑道气发电设备补偿6.65欧分至9.67欧分;太阳能发电设备补偿45.7欧分至62.4欧分;水力发电设备补偿3.7欧分至9.67欧分;地热发电设备补偿 7.16 欧分至 15 欧分;陆地风能发电设备补偿 8.7 欧分至 5.5 欧分(起始与结束阶段的补偿标准);近海风能发电设备补偿 9.1 欧分至 6.19 欧分。

（2）生物能源、混合能源和技术创新补贴。除了补偿外,德国政府还对使用生物原料和创新技术发电及发电供热联合设备给予补贴。补贴具有能源政策的导向功能,补贴不是采用递减方式,而是可以累加(不同类型补贴)。为鼓励多用能源植物和森林木材,政府给予用生物原料发电的 500 千瓦以下的设备每千瓦时(下同)6 欧分的生物能源补贴,500 千瓦以上至 5 兆瓦以下的发电设备给予 4 欧分的补贴;木材发电的补贴为 2.5 欧分;20 兆瓦以下的发电供热联合设备可获 2 欧分的混合能源补贴。此外,混合能源如使用特别新颖和有创新的技术将获得 2 欧分的技术创新补贴。德国政府还鼓励新建沼气设备和利用植物原料的设备,原则上小型沼气设备和利用植物原料设备能获得较高的生物能源补贴。

（3）税收优惠。目前德国政府对动力燃料征收较高的矿物油税,每升汽油的矿物油税高达 65.4 欧分,每升柴油的矿物油税为 47 欧分。为鼓励人们使用生物动力燃料,德国政府对生物动力燃料免征矿物油税[150]。

德国新能源汽车的财税支持政策如下。

（1）税费方面,德国法律对"传统化石燃料汽车基于温室气体排放和发动机排放缴纳年度保留税"有相关规定:2011 年 5 月至 2015 年 12 月购买电动汽车,应豁免 10 年保有税;在 2016 年 1 月至 2020 年 12 月之间购买电动车,保有税可免除 5 年。德国政府将根据电动汽车重量征税,但税金额度仍将低于传统燃油汽车。

（2）德国政府出台向购买该类汽车的消费者提供补贴的政策,补贴规模约为 10 亿欧元,德国公民凡在 2020 年以前购买任意电动汽车可以免收 10 年的汽车税,目前已经正式实施。

为支持中小企业的发展,德国政府资助成立中小企业发展基金,规定符合要求的企业贷款可获得政府资助,资助额度不少于 5%,最高可达50%。利率优惠是德国政府支持新能源产业的另一政策,德国复兴信贷银行为涉足新能源产业的企业提供低息贷款,贷款利率较市场利率低一半[151]。此外,符合融资要求的新能源企业可通过德国全能银行发放股票和债券,也可以通过银行持有企业股份获得融资。这些政策大大地拓宽了企业的融资渠道,为新能源企业长久发展做出了重要贡献。

德国《可再生能源法》规定,政府有关部门经过调查后可以就补贴效果提出相应报告,根据新能源科学技术发展状况和市场变动情况及时调整电价,同时交德国联邦议会作出评估。此外,针对新能源价格补贴,德国政府制定了一整套从实施到评估监管的流程,从法律层面确保政策运行和实施效果最大化。较高的透明度和公开度是德国新能源价格补贴政策的优点之一。法律明确规定,新能源相关参与主体包括研究机构、新能源发电企业和消费者等均可从政府方面了解到相关政策信息,使补贴政策更加公开透明。除此之外,德国新能源补贴政策具有很好的稳定性。德国明确规定可以依照《可再生能源法》及其相关法律法规对多方利益进行协调,以合理界定各方的权利和义务;将补贴对象和内容以法律法规形式确定下来,让补贴效果达到预期目标,促进新能源产业更好更快发展[145]。

5 我国战略性新兴产业金融支持效率评价

5.1 金融支持对战略性新兴产业发展的影响分析

金融支持效率是产业内企业将从资金融通活动中获得的资金资源投入生产经营中,从而推动企业实现绩效产出最大化和规模效益的效率[152]。一般来说,短时间内一个经济体的金融结构以及金融规模是不会发生变化的,如果要实现该经济体内资源的优化配置则要通过提高内部的金融效率水平,高金融效率促进战略性新兴产业发展的机制如图 5-1 所示。金融市场中的银行、证券公司、投资公司等金融机构通过支付使用资本的成本,从金融剩余持有者手中,吸收和聚集这些闲置储蓄,将其转化为金融资金,并成为社会可支配的投资资金,最终使融资规模得以增加,扩大了战略性新兴产业的资本形成,实现了金融资本的优化配置。金融市场体系越发达,金融结构主体层次越丰富,储蓄向投资转化的效率就越高,反之,金融支持效率的提高又能促进金融体系的完善和金融结构的优化,为战略性新兴产业的发展营造一个好的金融环境。

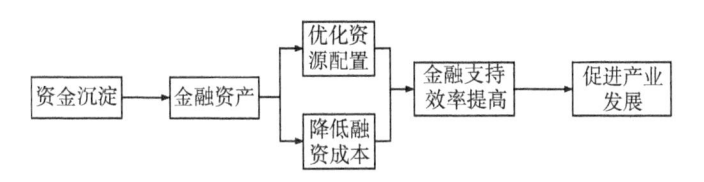

图 5-1　金融支持促进战略性新兴产业发展的机制

5.1.1　降低成本机制分析

由于市场不是完美的,存在着信息的不对称,在企业外部的融资成本要远远大于企业内部的融资,事实上企业内部融资的成本极低,几乎可以忽略不计。然而,现实中战略性新兴产业中的企业很多是属于发展初期的中小型企业,其高风险和不确定性使其面临着较大的融资障碍,使创新型企业没有足够的资金购置设备、引进人才与进行技术投资。很多企业甚至为了压缩成本不得不增加员工的工作时间与强度,导致人才流失严重[153]。战略性新兴产业作为一个知识技术密集型行业,一旦失去了技术与人才,将不利于产业创新能力的提升,从而严重遏制战略性新兴产业的健康长远发展。因此,建立一个高效的金融支持体系,对降低战略性新兴产业企业的融资成本有非常重要的意义,如图 5-2 所示。对于内部融资,由于其融资成本非常低,并且主要还是靠企业自身的盈利水平与规划决策,与外部环境没有太大的关联,所以本书不作讨论。而对于外部融资,市场中的金融中介机构通过鼓励民间储蓄、不断完善市场金融政策,以及采取措施有效降低融资风险,使企业只需要花费极少的中介费用与成本就可以吸引满足其发展的资金投资,从而使整个战略性新兴产业的资金供给快速扩张,而融资成本却大幅下降,促进了整个战略性新兴产业的发展[154]。

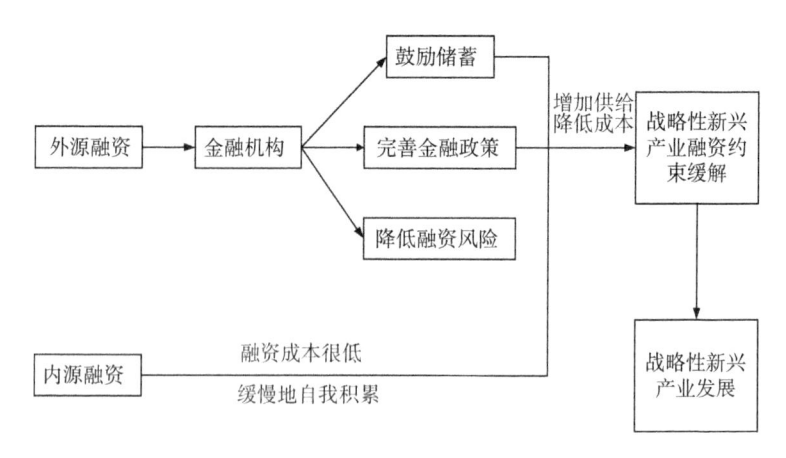

图 5-2　金融支持降低战略性新兴产业融资成本机制

5.1.2　选择淘汰机制分析

经济生产活动的重要目标就是将有限的资源从回报率低的产业转移分配到最有效益的产业中,而战略性新兴产业作为一个环境友好且资源利用率高的高技术产业,相对于传统产业而言,无疑更能代表和引领企业发展的方向与潮流。但是由于战略性新兴产业的发展处于起步阶段,国家对于战略性新兴产业的界定暂不清晰,政策也尚不完善,许多企业为了迎合国家政策、骗取国家补贴而滥竽充数,使得战略性新兴产业中存在大量"劣质"企业。而随着金融支持效率的提升,这些企业会在优胜劣汰的市场选择机制中被自动筛选出来并被淘汰,如图 5-3 所示。首先,战略性新兴产业主要由高新技术领域的企业构成,但这些企业的技术研发以及创新能力是存在差异的,金融支持效率提升所带来的资金周转成本下降效应会促进资金向技术创新能力好的高效新兴产业企业流动。其次,从投资周期来讲,对战略性新兴产业的资金投资需要长期的运作,而社会资金普遍偏向于短期投资,这不利于战略性新兴产业的融资,而金融支持效率的提升可以通过优化金融产品的投资周期,提升资金向优质企业流动的速度。最后,金融支持效率的提升使得投资信息更加公开化、透明化,使投资者能够方便、准确、快捷地做出最有效的投资策略,使得资金能够迅速从管理水平落后、发展前景不好的企业转移到投入产出回报率更高的行业和企业当中。这些金融支持效率的提升所产生的效应都会优化资本流动的方向,从而最终促进战略性新兴产业的快速发展。

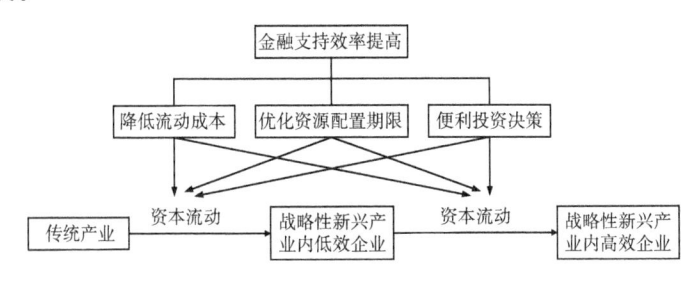

图 5-3　金融支持效率选择淘汰战略性新兴产业机制

5.2　变量选取与数据来源

5.2.1　模型选取

战略性新兴产业金融支持效率是指企业通过各种渠道筹集资金投入生产经营,推动企业实现最大化产出的效率[22]。为了研究我国战略性新兴产业上市公司的金融支持效率,本章选取能够反映这种投入产出关系的数据包络分析(DEA)方法进行研究。本章参考熊正德、马军伟等人的研究,选用共同前沿模型对我国战略性新兴产业的金融支持综合效率进行评价,再利用群组前沿和技术缺口比率分析东中西部的金融支持效率的差异,以保障效率评价的可信度。

5.2.2　变量选取

本章对战略性新兴产业金融效率的研究是以产业内上市公司为

对象进行的,在选择实证指标时考虑到公司规模的不同会导致融资来源和市场表现的绝对规模有显著差异,无法表现融资的相对水平,因此本章将各公司的指标值都处理成比率的指标,从而具有横向的可比性。上市公司的融资渠道可以分为内源融资和外源融资,内源融资主要是留存收益的再投资,其融资效率与金融体系的支持没有必然关系,因此本章对融资效率的研究主要针对外源融资。由前文的分析可知,外源融资可以分为股权融资、债权融资和政策性融资三种,其中政策性融资比重不大,且其决定因素是宏观金融政策与产业政策,与公司的微观决策无关,故本章也未将其作为研究对象。本章研究的是股权融资和债权融资这两类重要的融资渠道。其中,公开债权融资和非公开债权融资在本质上有较大的区别,本章将其分为两种融资渠道,并以债券融资和信贷融资作为这两种融资渠道的代表。

（1）投入变量

本章在借鉴已有研究指标选择标准的基础上,选取流通股比例、资产负债率作为投入指标,分别表示以股票市场为代表的直接金融投入与以银行金融机构为代表的间接金融投入。同时,为了考察国家宏观政策的影响,本章将广义货币(M2)的同比增长率也选为投入指标,用来反映宏观政策调控的冲击[152]。

（2）产出变量

选取净资产收益率和托宾 Q 值两个变量作为金融效率评价的产出指标,分别度量企业成长能力和市场价值,反映金融行为对产业绩效和规模的影响[155]。

5.2.3 数据来源与描述性统计

综合考虑所用软件的运算能力和样本数据缺失等因素,本章从七大战略性新兴产业上市公司中筛选出数据齐备的 105 家上市公司作为抽样样本。以公司注册地为依据按省份归属划分区域,其中 59 家企业属于东部地区,29 家企业属于中部地区,17 家企业属于西部地区。

考虑到数据的可得性,本章选取的数据期间为2012年第一季度至2018年第四季度共28个季度。本次研究的数据来源于样本上市公司公布的季度报告,计算过程中所涉及的季度报告数据来源于Wind数据库。我国三大地区与全国的投入产出数据的描述性统计特征如表5-1所示。

表5-1 投入、产出变量的描述性统计特征(2012Q1—2018Q4)

地区	变量	最小值	最大值	均值	标准差
东部地区	流通股比例	0.10	1.00	0.81	0.20
	资产负债率	0.01	0.98	0.41	0.20
	净资产收益率	−2.74	0.79	0.03	0.28
	托宾Q值	0.18	23.36	2.28	1.44
中部地区	流通股比例	0.12	1.00	0.83	0.19
	资产负债率	0.02	0.94	0.47	0.19
	净资产收益率	−2.54	0.36	0.03	0.12
	托宾Q值	0.44	9.17	2.19	1.28
西部地区	流通股比例	0.17	1.00	0.86	0.20
	资产负债率	0.02	0.93	0.45	0.20
	净资产收益率	−2.05	0.44	0.02	0.12
	托宾Q值	0.15	33.95	2.11	2.16
全国	流通股比例	0.10	1.00	0.82	0.20
	资产负债率	0.01	0.98	0.43	0.20
	净资产收益率	−20.74	0.79	0.02	0.25
	托宾Q值	0.15	33.94	2.27	1.54

如表5-1中的统计数据所示,四个指标在三个地区之间的差异比较明显。从均值的角度看,东部地区的流通股比例的平均值和资产负债率指标的平均值均小于中西部地区。究其原因,股票全流通在"股权分置"改革后是大势所趋,更高的流通股比例有利于构建更为公平和透明的金融市场环境,因此各地区的流通股比例都很高。选取的东部地区的上市企业在中小板和创业板中较

多,因此东部地区的流通股比例的平均值相对较低,从表中可以看到,三个地区的流通股比例最大值均为1,说明三个地区的都已经存在企业股票完全流通。但是资产负债率并非越高越好,而应当保持在一个适当的水平上,因为资产负债率越高,财务风险相对越高,可能导致现金流不足,造成资金链断裂,不能及时偿债,从而导致企业破产,进一步增加融资成本。这从一定程度上说明相比东部而言,中西部战略性新兴产业的上市公司缺乏相应的风险意识,企业的资产利用率较低,在生产经营中只注重投入而忽视产出或者是缺乏相应的投入的回收能力,使得企业的资金占用日益扩大。企业所拥有的闲散资金无法给企业带来经营效益,反而使企业为维护这些闲散资金而付出巨大的维护成本,造成资产的浪费。

东部地区的净资产收益率的平均值比西部地区大,说明较西部而言,东部地区的企业总体上具有更强的业务扩张能力与更广阔的市场需求。东部地区的托宾Q值均值大于中部的托宾Q值均值,说明东部地区战略性新兴企业的市场价值高。同时,我们可以注意到东中西部净资产收益率的标准差较大,说明战略性新兴产业内与行业间的企业盈利能力存在非常大的差距,这主要是由行业性质、政府政策、市场需求、经营管理、竞争状况等因素造成的,这也是本章在接下来的实证中要重点解决的问题。

5.3 实证结果分析

5.3.1 区域差异分析

建立效率测度模型必须满足一个条件:在决策单元各项投入增加的情况下,产出也应该相应增加,这种性质被称为"等张性"。本章利用Pearson相关性分析进行验证,证实样本期内三大地区和全国的投入产出数据在1%的检验水平下均符合"等张性"假设。此外,在利用共同前沿方法求解距离函数时,为了避免决策单元较少、数据稀疏而无法构造近似光滑的前沿面,本章将样本期间所有的投入产出数据作为当期的参考技术集,采用"跨时期前沿"方法构建生产前沿,分别在群组前沿和共同前沿下测算中国东中西部2012年第一季度至2018年第四季度的金融支持效率。

(1)共同前沿金融支持效率分析

在七大产业共计105家上市公司的数据的基础之上,对所有公司都以相同的前沿生产函数来估计金融支持效率,其结果如表5-2所示。2012年第一季度东部、中部、西部的金融支持效率分别为0.711、0.606、0.703,东部的金融支持效率水平高于中部,西部的金融支持效率水平高于中部;在随后的27个季度里,东中西部三个区域的金融支持效率波动性变化趋势上略有下降,直到2018年的第四季度,东中西三个区域的金融支持效率分别为0.641、0.563、0.635。从整体上来看,2012年第一季度到2018年第四季度的平均金融支持效率分别为0.672、0.582、0.646,在这个阶段内,东部地区处于最高的效率水平上,而中部地区的金融支持效率处于最低水平。

西部地区因自身条件所限,金融发展较为落后,人力资源和资金投入起点低,但2010年以来西部大开发战略的大力实施,使得西部地区的战略性新兴产业迅速发展,金融水平得到很大的提升,赶超了中部地区。中部地区的传统产业如钢铁、纺织等一直十分重要,而战略性新兴产业得不到很好的发展,金融资源配置不合理,导致中部地区的战略性新兴产业金融支持效率低。东部地区金融体系较为完善,金融水平高,战略性新兴产业的金融支持效率处于领先位置。整体上,受我国经济下行压力的影响,各地区的战略性新兴产业的金融支持效率有所下降,但影响不大。

表5-2 各区域共同前沿生产函数金融支持效率

季度	东部	中部	西部	季度	东部	中部	西部
2012Q1	0.711	0.606	0.703	2015Q3	0.655	0.566	0.618
2012Q2	0.715	0.598	0.704	2015Q4	0.638	0.557	0.599

(续表)

季度	东部	中部	西部	季度	东部	中部	西部
2012Q3	0.697	0.584	0.665	2016Q1	0.625	0.519	0.600
2012Q4	0.651	0.561	0.616	2016Q2	0.670	0.563	0.652
2013Q1	0.646	0.527	0.589	2016Q3	0.597	0.510	0.605
2013Q2	0.659	0.561	0.611	2016Q4	0.654	0.581	0.666
2013Q3	0.692	0.580	0.613	2017Q1	0.641	0.566	0.648
2013Q4	0.696	0.616	0.605	2017Q2	0.690	0.609	0.699
2014Q1	0.669	0.589	0.601	2017Q3	0.706	0.633	0.705
2014Q2	0.679	0.596	0.611	2017Q4	0.703	0.639	0.698
2014Q3	0.674	0.593	0.634	2018Q1	0.726	0.639	0.721
2014Q4	0.689	0.630	0.664	2018Q2	0.667	0.556	0.659
2015Q1	0.702	0.612	0.651	2018Q3	0.649	0.541	0.640
2015Q2	0.683	0.598	0.670	2018Q4	0.641	0.563	0.635

(2) 群组前沿金融支持效率分析

我们把东部、中部、西部三个区域各自不同的生产前沿考虑到其中,分别为其建立差异化的随机前沿生产函数,并依照每个区域的生产前沿函数推算出东中西部的金融支持效率,如表5-3所示。从金融支持效率的相对水平来比较,2012年第一季度至2018年第四季度东部、中部、西部的平均金融支持效率分别为0.713、0.733、0.739。从金融支持效率的变化来看,东部、中部和西部的金融支持效率有所波动,分别从2012年第一季度的0.764、0.715、0.759,变化为2018年第四季度的0.651、0.705、0.836。总体上,2012年第一季度到2018年第四季度期间东部地区与西部地区的金融支持效率始终高于中部地区,因此可以进一步得出结论:东西部比中部更加贴近其区域所对应的前沿面,中部地区离其实际生产前沿面是最远的。

表 5-3　各区域群组前沿生产函数金融支持效率

季度	东部	中部	西部	季度	东部	中部	西部
2012Q1	0.764	0.715	0.759	2015Q3	0.714	0.786	0.721
2012Q2	0.772	0.770	0.793	2015Q4	0.697	0.746	0.673
2012Q3	0.728	0.699	0.715	2016Q1	0.702	0.749	0.673
2012Q4	0.726	0.689	0.712	2016Q2	0.723	0.779	0.756
2013Q1	0.735	0.672	0.690	2016Q3	0.707	0.704	0.686
2013Q2	0.711	0.693	0.721	2016Q4	0.713	0.668	0.746
2013Q3	0.706	0.773	0.695	2017Q1	0.742	0.648	0.724
2013Q4	0.709	0.784	0.688	2017Q2	0.724	0.638	0.822
2014Q1	0.721	0.800	0.643	2017Q3	0.708	0.712	0.830
2014Q2	0.690	0.789	0.663	2017Q4	0.709	0.697	0.827
2014Q3	0.703	0.799	0.683	2018Q1	0.738	0.700	0.849
2014Q4	0.736	0.815	0.688	2018Q2	0.652	0.690	0.832
2015Q1	0.738	0.815	0.700	2018Q3	0.632	0.697	0.820
2015Q2	0.704	0.787	0.733	2018Q4	0.651	0.705	0.836

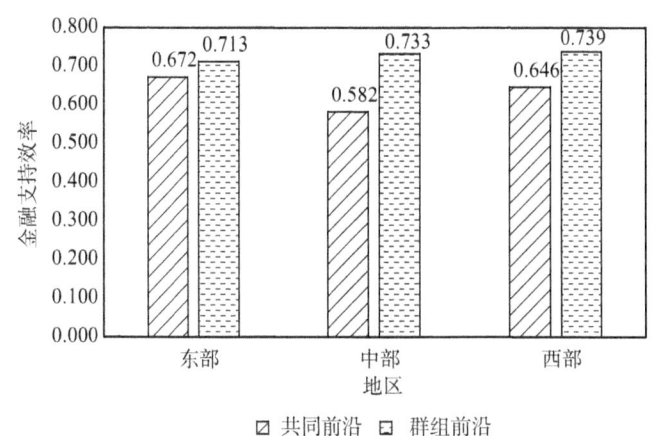

图 5-4　东中西部地区不同技术前沿下金融支持效率对比图

（3）群组技术和共同技术前沿下的金融支持效率对比分析

由图 5-4 可知，在共同前沿和群组前沿下，样本期内中国金融支持效率的均值分别为0.633和0.728,表明在全国金融投入削减36.7%和27.2%的情况下,仍然能够实现现有经济产出水平。群组前沿下的金融支持效率明显高于共同前沿下的金融支持效率,两者之间缺口平均达到9.5%。以中部地区的战略性新兴产业的企业为例,在群组前沿下,效率均值达到了0.733,表明在中部地区的资源禀赋条件下,尚存在0.267的效率提升空间;若把中部地区企业放在全国范围内考察,参照共同前沿,其效率均值仅为0.582,效率提升潜力可以提升0.418,远高于区域前沿下的0.267的改进幅度。其他行业和区域的比较分析也得到了类似的结论。从区域的角度来看,在共同前沿下,东部地区金融支持效率最高,其次为西部地区,中部地区最低;而在群组前沿下,却显示出西部地区最高,其次是中部地区,东部地区最低的发展格局。

群组前沿下东中西部的金融支持效率值被普遍高估了,而这种放大现象在中部地区最为明显,群组前沿与共同前沿间的差值达到0.151,西部地区也达到0.093。而之所以东部地区群组前沿与共同前沿的效率值相差无几,是因为东部地区在我国属于金融发展环境最成熟以及企业整体水平最高的区域,这使得共同前沿基本上都是由发展水平较高的东部地区上市公司构成的,因此东部地区的群组前沿与共同前沿几乎没有太大的差别。当前我国战略性新兴产业的金融支持效率整体水平偏低且地区差异显著,存在较大的改进空间。

为了进一步验证两种前沿下我国金融支持效率的差异性,本章通过非参数Mann-Whitney检验来进行分析,结果如表5-4所示。

表5-4 两种前沿下中国金融支持效率差异的Mann-Whitney检验结果

指标	东部地区	中部地区	西部地区	全国
z检验值	−7.989	−11.555	−8.543	−2.910
Prob>$\|z\|$	0.695	0.004***	0.026**	0.004**

注:"*""**""***"分别代表了10%、5%和1%的显著性水平。

由表5-4可知,全国以及中、西部地区,两种前沿下的金融支效率在5%水平下差异显著。造成这种结果的主要原因可能是在区域前沿下,是假设各区域面临自己各自的技术前沿,其效率测度结果仅能反映在自身技术条件下的金融支持水平;而在共同前沿下,参考的是全国的潜在最优水平。由于中部地区的经济实力、技术条件和管理经验与东部沿海地区相比还存在很大差距,所以,其区域前沿下的金融利用水平被显著高估了。但是,两种前沿下东部地区的金融效率并无显著差异,p值达到0.695,这是由于东部地区是我国经济实力最雄厚、技术最发达的地区,一直是全国企业发展的标杆和引领者,本身就代表了我国企业发展的最高水平,两种前沿下的参考技术基本相同,所以金融支持效率测度结果不会有明显差异。

5.3.2 技术缺口比率分析

本章在测量我国区域金融支持效率的基础上,进一步利用技术缺口比率(TGR)定量分析我国区域金融支持的差距。由表5-5可知,根据Kruskal-Wallis检验的输出结果可知,在1%的检验水平下显著拒绝了原假设,即TGR存在显著区域差异。从均值角度来看,东中西部三个地区的TGR值分别为0.946、0.798、0.878。其中,东部地区在保持现有技术水平以及现有投入产出不变的前提下,可以达到全国潜在金融支持效率水平的94.6%。相比之下,中部以及西部地区的TGR值要比东部地区低很多,仅达到潜在水平的79.8%与87.8%,还有20.2%和12.2%的空间去提升。

表5-5 中国三大地区金融支持技术缺口比率(TGR)的统计描述及差异性检验结果

地区	最小值	最大值	平均值	标准差
东部地区	0.743	1.000	0.946	0.055
中部地区	0.447	1.000	0.798	0.115
西部地区	0.406	1.000	0.878	0.113
Kruskal-Wallis 检验	Chi-squared=12.42		p-value=0.000***	

注:"*""**""***"分别代表了10%、5%和1%的显著性水平。

从整个长期变化趋势来看,如图5-5所示,在整个样本期内,东部地区的TGR值始终至少保持在0.84以上,呈现波动的趋势,与全国范畴下的潜在金融支持水平差距很小。产生该现象的主要原因在于,东部地区较其他两个内陆地区拥有得天独厚的沿海区位优势,尤其像上海、江苏、福建、广东等省(市)一直是我国对外交流与技术引进的重要窗口,地区的经济发展水平和企业技术以及地方政府的制度安排也在国内处于领先的地位。而中西部地区的TGR值要比东部地区低很多,但是过程也比较波动,有些季度会出现下降的现象。

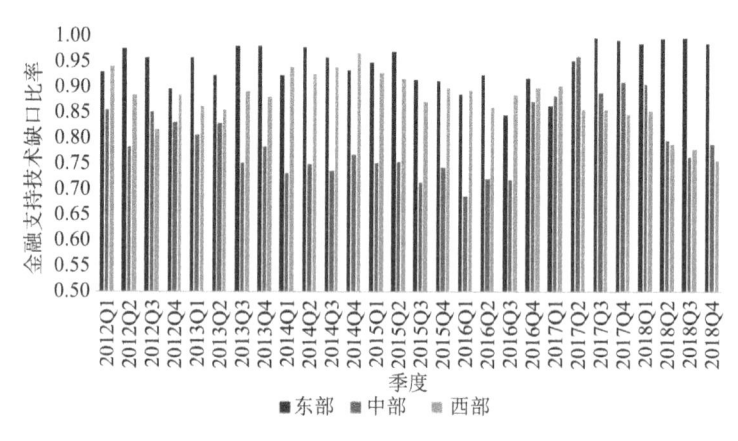

图5-5 东中西部地区金融支持技术缺口比率

图5-6可以更加清晰地反映出东部地区与中西部地区的金融支持效率差距仍然存在。究其原因,一方面,中西部省份基本上位于我国的内陆地区,开放程度落后于东部地区,其金融发展水平和企业成熟度也远远不及东部;另一方面,我国战略性新兴产业发展以来,国家主要对东部给予了较多的政策支持,导致资源配置极不平衡,大量的资金投入涌入东部经济发达地区的企业,从而阻碍了中西部地区战略性新兴产业企业的发展和壮大。

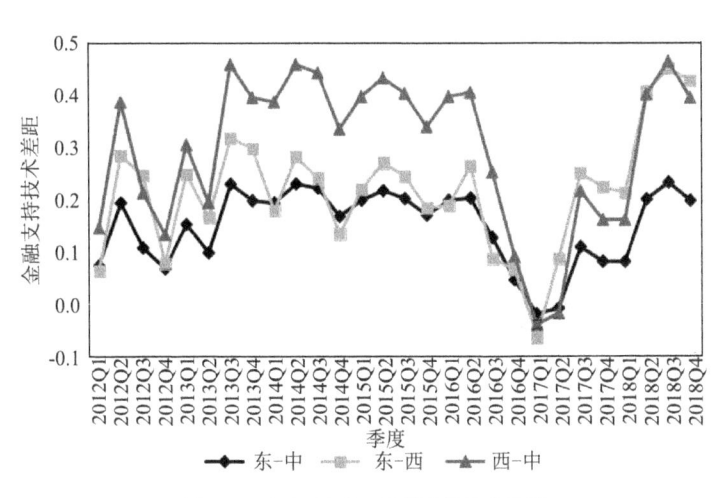

图 5-6 东中西部地区金融支持技术差距

5.4 本章小结

本章首先对金融支持效率促进战略性新兴产业发展的机制进行了分析,构建金融支持投入与产出指标体系,并选取我国 105 家战略性新兴产业上市公司作为样本,按照其注册地归属划分东中西部区域,基于 2012 年第一季度至 2018 年第四季度共计 28 个季度的面板数据,构建共同前沿模型对我国东中西部战略性新兴产业金融支持效率进行评价。结果表明:① 每个季度的宏观经济形势极大地影响着战略性新兴产业金融支持效率,宏观经济形势良好时,产业从金融市场上获取支持的效率较高,反之效率较低。② 从区域角度看,东部地区的战略性新兴产业金融支持效率较高;西部起点低,但政策扶持力度大,西部地区的战略性新兴产业金融支持效率提升明显;中部地区的战略性新兴产业金融支持效率最低,金融水平有待改善。全国的战略性新兴产业效率一般,仍需改善战略性新兴产业的金融环境和完善金融制度。基于研究结果,本书提出以下两条建议。

(1) 扩宽融资渠道,降低融资成本

扩宽战略性新兴产业的融资渠道,意味着通过金融产品的多元化来保障战略性新兴产业的融资需求。多元化的融资渠道可以为战略性新兴产业提供必要保障,同时也能提升金融部门的竞争力。由于各区域金融水平发展不一,缺少结构完善、布局合理的融资闭环,从而难以有效地为战略性新兴产业提供融资选择。而处于建设初期的企业,可以争取风险投资和私募股权基金的支持。同时,国家应完善风险投资和私募股权基金的监管制度,保障企业的权利。商业银行可以设立专门的信贷部门来缓解企业的资金紧张问题。

(2) 提高金融对资源的配置效率

对于战略性新兴产业金融支持效率不高的区域和处于建设初期的企业,政府可以重点给予金融政策支持,在企业发展稳定后再以市场调节为主。在金融资源的再分配上,通过财政税收手段、信贷工具等,实现战略性新兴产业健康发展。推动利率市场化,鼓励各类型金融机构、金融服务组织、中介机构有序发展,强化针对性政策扶持,提高金融运行效率,增加金融供给和促进良性竞争,降低企业的融资成本。

6 我国战略性新兴产业技术创新效率测度

6.1 我国战略性新兴产业技术创新效率的影响因素

6.1.1 创新资源投入方面

(1) 研发资本投入

创新资金的投入量直接影响着战略性新兴产业技术创新的水平和规模。美国经济学家谢勒和曼斯菲尔德(Scheirer&Mansfield)提出类似估计式 $P=a+bI+cX$,认为研究的经费投入 I 与创新发明的产出 P 有着较为明显的关联[68]。具体而言,R&D 经费与技术创新之间是一种正向变动的关系[64],R&D 资本每增加 1 个百分点,总产出相应会增加 0.05~0.1 个百分点,R&D 投资的回报率为 20%~50%[59]。

(2) 创新人才投入

战略性新兴产业的特征之一就是技术密集性,即行业核心和关键技术的研究和发展需要众多的技术专业型和创新型人才去完成。知识和人力资本存量的提高有助于全要素生产率的提高[67],因此企业技术创新能力的提升需要依靠具备丰富专业知识和较高技能素质的研究人员[61],并且研究人员的能力会通过技术溢出效应促进经济增长[60]。有学者运用DEA方法测算了东北地区战略性新兴企业的技术创新效率,并考察了研发人员及经费投入对创新结果的影响,认为研发人员不足以及研发经费比例的不合理均是拉低创新效率的主要原因[75]。随着经济的发展和科技的进步,创新人才的投入业已成为影响战略性新兴产业技术创新效率的重要因素之一。

6.1.2 政府支持力度方面

在政府政策方面,无论何种行业的技术创新活动,都要受到政府的调控和约束,从国民经济全局考虑才能促进行业整体发展。每当一个新的经济增长点出现,政府可以通过出台相关政策法规等方式促进其快速健康发展。因此,政府的政策支持因素是我国战略性新兴产业技术创新活动取得突破的重要条件和保障,若没有政府的扶持,高端装备制造业的技术创新活动便难以继续。

政府投入包含以下三种方式:一是政府通过采购来支持高端装备制造业的创新生产活动[72];二是政府通过财政拨款、税收优惠、无息或低息贷款等直接方式支持高端装备制造业的创新活动[73],政府资源的高投入在短期内具有较强的促进作用[81];三是政府通过设立重大专项,与高端装备制造企业进行合作,从而带动整个行业技术创新水平的提升。政府对战略性新兴产业的支持能够分担其创新风险,塑造其创新自信,起到较好的引导效果。

6.1.3 企业自主投入方面

企业的自主投入对战略性新兴企业的技术创新效率也有着极为重要的影响。企业自主投入包括人才的投入和资金的投入,它是创新型企业各项创新活动得以成功开展的物质基础,决定了企业本身所具备的实力基础,进而最终对企业内部开发新产品、新技术等创新活动的成功率产生影响。以丝绸之路经济带沿线省(市)为例,有学者认为企业的技术积累和劳动者的素质对技术创新效率的提高起到主要作用,而企业自主创新能力、企业规模以及政府补助能够影响企业的技术转化效率[80]。

1980年以来，国家和社会对高端装备制造业的发展投入了大量的人力、财力和物力，这些积极措施在很大程度上提高了我国高端装备制造业的技术创新能力。但是内部因素起根本作用，外部因素还得通过内部因素才能发挥作用，技术创新的真正主体和最终成果的获益者是企业，高端装备制造业要想实现技术创新效率水平的提高，就必须更多地依赖于行业内部企业的自主投入。

6.1.4 对外开放程度方面

在自由市场经济的条件下，行业竞争愈发激烈，任何产品都经历着成长—成熟—衰退的过程，国内外市场竞争的残酷性，使得战略性新兴产业不得不去思考如何长期保持自己的竞争优势。为了保持竞争优势，企业要继续加大对外开放程度，对外开放程度在一定程度上可替代内部激励因素，两者对企业的技术创新均有正向影响[66]。

在十八大精神的指导下，"开放型世界经济"正在逐步构建与发展。其中，以沪港通为代表的互通互联机制是一个重要的尝试。该交易制度实施后，沪股通标的企业的创新水平显著地上升，这说明加大对外开放程度能够提升上市公司的创新能力[79]。事实证明，只有不断地进行技术创新，让自己的产品始终优于竞争对手，才能在国际市场竞争中获得最终的胜利。创新型企业为了满足不断出现的新的市场需求，会不停地进行创新活动，在避免被市场淘汰的同时，提高自身的技术创新效率水平。

6.1.5 技术消化吸收方面

我国战略性新兴产业技术创新效率水平的提升，离不开对国外先进技术的消化吸收这一重要因素。借鉴发达国家的先进技术和正确发展经验，可使我国战略性新兴产业的发展少走弯路，有利于促进我国战略性新兴产业技术创新水平的快速提高，而企业的技术吸收能力又会受到技术引进速度[63]、学习敏捷性[78]等因素的影响。技术引进速度、学习敏捷性越高,供应商通过外部技术采纳对企业创新绩效的正向影响越强烈。随着我国战略性新兴产业技术创新能力的不断增强,发达国家对我国的技术封锁力度正在加大,从国外引进产业核心和关键技术已经越发困难。而产业核心和关键技术的缺失,将是限制我国战略性新兴产业持续发展的桎梏。因此,在我国战略性新兴产业技术创新能力提升的道路上,要正确看待技术引进这一影响因素的作用。

6.2 测度方法

参考现有研究可知,战略性新兴产业技术创新效率的测度方法主要分为两种,即参数法和非参数法。参数法以随机前沿分析法(SFA)为代表,非参数法主要是指数据包络分析法(DEA),具体分类见图6-1。

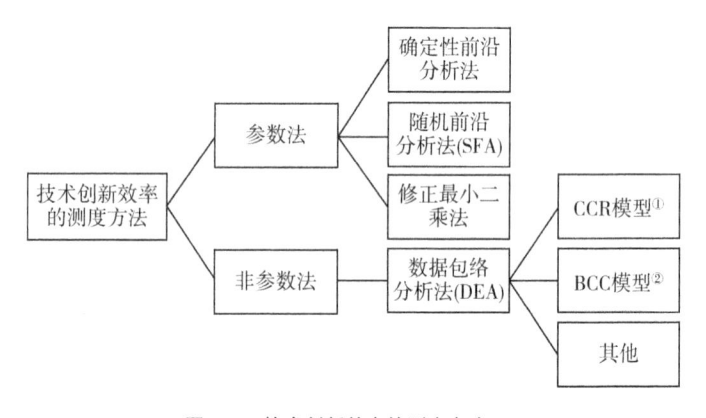

图 6-1 技术创新效率的测度方法

DEA模型分为投入导向和产出导向两类。投入导向型DEA模型关注产出一定时,投入最小化;产出导向型DEA模型关注投入不

---

① CCR(Charnes,Cooper,Rhodes)模型,中文名为"查尔内斯-库珀-罗兹模型"。
② BCC(Bank,Charnes,Cooper)模型,中文名为"银行家-查尔内斯-库珀模型"。

变,产出最大化,要根据各自的特点做出选择。在技术创新效率的测度中,投入指标通常存在刚性,因而通常追求产出最大化,因此本章选择产出导向型的超效率 DEA 模型。

针对 CCR 模型和 BCC 模型所存在的效率评价分辨率低的状况,学者们提出采用超效率的 DEA 模型,该模型可以在一定程度上解决 CCR 模型和 BCC 模型所存在的决策单元不能同时细分,以及决策单元之间的效率值不稳定的弊端。超效率 DEA 模型在评价决策单元时,会将自身排除于约束条件参考集之外,之后展开决策单元再次计算,从而获取超过 1 的效率值,由此非但可以对效率值都为 1 的决策单元做出对比,综合效率值不到 1 的决策单元的效率值也不会改变[52]。王惠等[55]指出,超效率 DEA 模型可以通过"他评思想"来开展决策单元效率的评价,同时还能够分辨有效决策单元效率水平,测算结果更为客观、可靠。超效率 DEA 模型的形式如式(6-1)所示。

$$\min \theta$$

$$s.t \begin{cases} \sum_{\substack{j=1 \\ j \neq k}}^{n} \lambda_j x_j \leqslant \theta x_k \\ \sum_{\substack{j=1 \\ j \neq k}}^{n} \lambda_j y_j \geqslant y_k \\ \lambda_j \geqslant 0, j = 1, 2, \cdots, n \end{cases} \quad (6-1)$$

式(6-1)中:x 和 y 分别表示输入变量和输出变量;λ 表示有效决策单元(DMU)中的组合比例;θ 表示决策单元的效率值,当 $\theta<1$ 时,决策单元未达到最优效率,当 $\theta>1$ 时,决策单元达到最优效率。

6.3 数据来源与样本

本章以同花顺发布的七个战略性新兴产业指数的成分股上市公司为研究样本,共 547 家上市公司。在数据搜集过程中发现 2011 年及以前的数据缺失比较严重,因此以 2011 年为研究样本基期,又因为写书之时,仍然有大部分企业 2019 年的年报未公布,所以从数据可得性的角度出发,我们将研究阶段确定为 2011—2018 年。

接着对样本企业进行筛选和数据处理,具体过程为:① 排除核心数据缺失(研发费用、技术人员数量、专利申请量数据缺失)样本;② 剔除存在连续两年 ST 公司,即停牌和暂停交易样本;③ 去除在该观测期当中主营业务范围出现改变或退市样本,最终剔除了 304 家企业;④ 以SPSS来处理,去除各项指标数据分布在 1% 以下和 99% 以上的极端值样本,排除不合理数据,最后剩余样本数是 188 家。

表 6-1 和表 6-2 是对样本的简单描述,可以看出样本中新材料公司占比最大,其次是高端装备制造业公司,生物公司占比最低,其他四个产业的样本所占比重比较均衡。根据数据可以看出战略性新兴产业上市公司大多数集中于东部地区,中西部地区分布较为均衡。战略性新兴产业上市公司中非国有企业占比超过 50%。从样本性质、分布行业和区域总体来看,样本选择较合理。

技术创新效率测度所涉及的上市公司的研发费用、技术人员数量通过万得(Wind)数据库搜集得到,2011 年至 2015 年的专利申请数量通过中国经济金融研究数据库(CSMAR)搜集得到,2015 年至 2018 年专利新增数量通过万得数据库搜集得到。在进行相关的数据处理以及建模分析时,主要采用了 STATA 14.0 和 MYDEA 1.0 软件。

表 6-1　样本产业分布[①]

产业分布	企业数(家)	占比(%)
新能源	32	17.02
新能源汽车	25	13.30
新一代信息技术	24	12.77
新材料	37	19.68
节能环保	21	11.17

---

① 通过万得金融数据库整理得到。表中数据四舍五入,取约数。

(续表)

产业分布	企业数(家)	占比(%)
生物	14	7.45
高端装备制造业	35	18.62

表 6-2　样本区域及性质分布[①]

地区	企业数(家)	占比(%)
东部	141	75.00
中部	26	13.83
西部	21	11.17
所有制	企业数(家)	占比(%)
国有	48	25.53
非国有	140	74.47

6.4　变量选取与数据描述

6.4.1　变量选取

(1) 技术创新投入变量

在国内关于技术创新的定量研究中，所采用的投入指标主要包括两种：第一种为资本投入指标，第二种为劳动力投入指标。由于企业在自身发展过程中主要依靠的就是人力资源方面的提升，所以企业应该对人力资源进行不断的改良和优化，对于我国现阶段的重点科技型企业来说尤其如此。战略性新兴产业是我国目前为止运用技术最为复杂的产业类型，产业的发展最终归功于人力资源方面的发展和综合素质的不断提升。本章选择技术人员数量(L)作为投入变量之一。

---

① 通过万得金融数据库整理得到。表中数据四舍五入，取约数。

（2）技术创新产出变量

在国内相关文献中，企业产出指标可以分为两个方面。第一个方面是采用主营业务的收入作为某一项的指标进行创新产出的测度，或采用新产品实际的销售额作为创新产出的测度。第二个方面是采用申请专利的数目进行相关创新产出的衡量，少数专家使用论文被期刊收录的情况作为创新产出的测度[48]。本书参考了关于企业技术创新效率测算的一些文献[54][57][156]，考虑到数据的可得性，最终选择专利申请数量（PAT）作为反映企业创新效率的产出指标，构建的指标体系见表6-3。

表6-3 战略性新兴产业上市公司技术创新效率指标体系

指标类型	具体指标	指标单位
投入指标	当期研发支出（K）	万元
	当期技术人员数（L）	人
产出指标	当期专利申请量（PAT）	个

6.4.2 变量描述性统计

对具体的投入、产出指标的描述性统计见表6-4。从全国全部样本企业来看，我国战略性新兴产业企业间投入和产出的差距都较大。从三大地区战略性新兴产业企业来看，基本上每年各省份技术创新投入和技术创新产出的变量都呈增加趋势，而且三大区域战略性新兴产业企业的投入和产出差异比较明显。具体而言，从研发支出均值来看，中部地区企业的研发支出均值最高，西部地区最低，中部地区企业研发支出均值与东部地区差距较小。但换个角度看，将中部地区的企业自身研发投入的标准差与东部地区进行比较可以得出，后者比前者小，说明中部地区企业间研发投入差距较大。从技术人员投入均值来看，中部地区技术人员投入均值最大，其次是东部地区，西部地区的技术人员投入均值最低，三个地区技术人员投入均值相差都不是很大。同样，中部地区企业的技术人员数量标准差较大，说明企业间技术人员投入差异较大。从企业所有权性质来看,国有企业的研发支出大于非国有企业,大规模的研发投入使得国有企业的专利申请量大于非国有企业。

表6-4 投入、产出变量的描述性统计(2011—2018年)

地区		变量	平均值	标准差	最小值	最大值
全国	投入	研发支出	16 038.3	16 641.7	3 526.6	1 167 535.4
		技术人员数	934	398	125	27 201
	产出	专利申请量	93	135	1	2 755
东部地区	投入	研发支出	15 478.2	1 487.2	534 859.0	958 643.0
		技术人员数	899	386	185	27 201
	产出	专利申请量	92	300	1	2 755
中部地区	投入	研发支出	16 168.5	20 475.9	5 185.0	1 167 535.4
		技术人员数	940	4 500	125	20 840
	产出	专利申请量	94	215	1	886
西部地区	投入	研发支出	14 832.8	19 227.5	3 526.6	1 039 702.0
		技术人员数	877	375	178	13 373
	产出	专利申请量	91	155.1	3	827
性质		变量	平均值	标准差	最小值	最大值
国有企业	投入	研发支出	16 168.5	16 641.7	3 526.6	1 167 535.4
		技术人员数	939	398	125	20 840
	产出	专利申请量	94	273	1	2 755
非国有企业	投入	研发支出	15 458.4	19 538.2	5 348.6	689 556.9
		技术人员数	1 125	903	178	27 201
	产出	专利申请量	93	111.3	1	1 815

6.5 技术创新效率的测度结果分析

运用2011—2018年我国战略性新兴产业上市公司技术创新投入与产出的相关数据,并运用相关的数据分析软件——MYDEA

1.0,对上市公司的技术创新效率进行了相关的测度,然后从我国战略性新兴产业技术创新效率的企业所有制差异和地区差异角度对测算结果进行深入分析。

6.5.1 总体分析

图 6-2 显示了我国战略性新兴产业技术创新效率的整体变化趋势,呈现出如下特点:2011—2013 年,技术创新效率有所下跌;2013年以后,技术创新效率下降趋势得到缓解,呈现出回升态势,但每年增长速度都很缓慢,产业技术创新效率仍然有很大的提升空间。

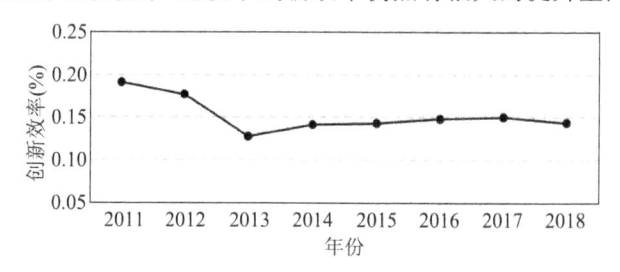

图 6-2 我国战略性新兴产业技术创新效率整体变化趋势

2010 年以后,政府出台了一整套与战略性新兴产业发展有关的规划、扶持政策,在此背景下,战略性新兴产业经历了加速发展的过程,产业规模不断扩大。但是在发展初期,受到体制机制以及不合理的发展思路的限制,地区投入的大规模金融资源很多都直接流向后端制造环节,导致大量重复建设、产生产能过剩隐患的同时,更占据了大部分技术创新资源,也影响了产业技术创新效率,因此到 2013年,战略性新兴产业技术创新效率有所下降。

直到我国正式通过了相关的文件——《"十二五"国家战略性新兴产业发展规划》,在战略性新兴产业的发展过程中所涉及的重点研究环节及其主要任务才进一步得到明确。此后随着不同文件,比如国家发展改革委《"十三五"生物产业发展规划》、四部委《关于调整完善新能源汽车推广应用财政补贴政策的通知》等的陆续发布,政策措施得到了不断完善细化,支持力度不断加大,困扰行业发展的资金、技术、市场等瓶颈问题不断得到突破。所以从 2013 年开始一直到 2017 年结束,在这几年之内,我国的战略性新兴产业在自身的技术创新上表现出了技术创新效率的稳定增长。

2015 年,我国提出制造强国战略的第一个行动纲领《中国制造 2025》,引发全球发达国家的密切关注,甚至有少数国家对我国实施的"中国制造 2025"采取敌对压制的措施,筑建更高的技术壁垒。2018 年 6 月 15 日,美国政府发布了加征关税的商品清单,对从中国进口的约 500 亿美元商品加征 25% 的关税,伤害了我国企业的利益,影响了我国战略性新兴产业的技术创新。

6.5.2 按所有制比较分析

图 6-3 显示了我国战略性新兴产业内国有企业和非国有企业技术创新效率的变化趋势,该变化趋势呈现出如下特点:2012 年,我国非国有企业的技术创新效率高于国有企业;2013 年之后,国有企业技术创新效率高于非国有企业。国有企业和非国有企业的技术创新效率发展趋势与整体发展趋势基本保持一致。

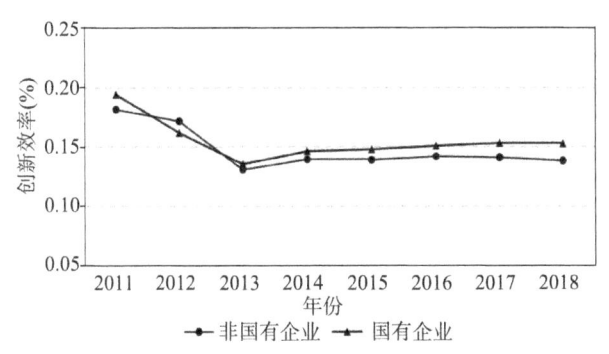

图 6-3 我国战略性新兴产业国有企业和非国有企业技术创新效率变化趋势

在战略性新兴产业的发展初期,国有企业长期以来形成的观念、分配机制、管理模式等不能满足技术创新所要求的决策及时性、行动迅速性等,导致产权不清、委托代理、决策低效等问题,而非国有企业却把握住时机,在市场的不断带动下,获得了最大的收益。2011年《关于鼓励和引导民营企业发展战略性新兴产业的实施意见》出台,为非国有战略性新兴企业中的民营企业发展营造了良好的培育环境,因此,2011年非国有企业技术创新效率高于国有企业。

随着市场的不断发展,我国战略性新兴产业已经走过了培育期,从成长期走向成熟期,国有企业的技术创新效率不断提高。主要原因在于:第一,资金是技术创新的一项重要投入,国有企业因其国有背景,能够获得更多政府补助,且长期的积累使其拥有更加丰富的技术储备,先进的创新科技和雄厚的资金优势对于技术创新效率的提高发挥了重要作用;第二,伴随着国有企业改革的推进,企业内部的管理效率不断提高,国有企业在战略性新兴产业内的行业布局发生变化,逐步趋向合理化。

从2013年开始,国有企业的创新效率虽然在逐渐提高,但是速度较为缓慢,这是由于国有企业相较于非国有企业而言,容易获得数额较大的补贴,相对较少的创新成果可得到较多的报酬,导致存在挤出效应,致使创新动力不足;而非国有企业的补贴针对性不强,那些富有经验的私营、民营企业往往得不到足够的资金来进行创新活动,导致创新效率提高缓慢[119]。

6.5.3 按地区比较分析

图6-4显示了我国东中西部地区战略性新兴产业企业技术创新效率的变化趋势,该变化趋势呈现出如下特点:2013年以来,东中西部整体都是在波动中缓慢上升。技术创新效率最高的是位于东部地区的战略性新兴产业企业,中部和西部整体的创新效率所显示出的差异不大,但是不同的地区所显示出来的创新效率差异明显存在。

良好的区域经济环境有助于提高企业的技术创新效率。我国东部地区战略性新兴产业发展具有以下优势:第一,高新区技术创新发

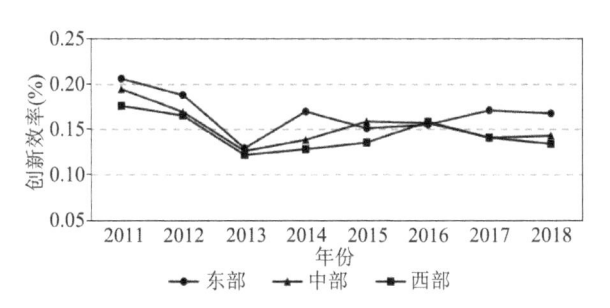

图 6-4　我国东中西部地区战略性新兴产业企业技术创新效率变化趋势

展及龙头带动作用,促使产业进行创新升级,高新区首先在东部发展起来,这为地区经济的高速发展奠定了良好的基础;第二,对人才进行合理的利用,有利于加快企业效益和企业综合实力的提升,东部地区普通高等院校的数量最多(图 6-5),中部仅次于东部,而西部地区与东部地区相差最大。普通高等院校的数量在很大程度上体现了地区人才的数量与质量。基于此,与中西部地区相比,东部地区的创新体系更为完善,具备最优的创新环境。因此,2012 年以来,我国东部地区战略性新兴产业的技术创新效率保持领先;而中部相对落后,是因为该地区资源配置结构不合理,技术创新的主动性和能动性都不够[56]。西部地区规模效率较低,创新资源不足,导致一开始的创新效率低,但是由于近些年来国家加大对西部的创新资源投入,该地区的创新效率也在逐步上升。

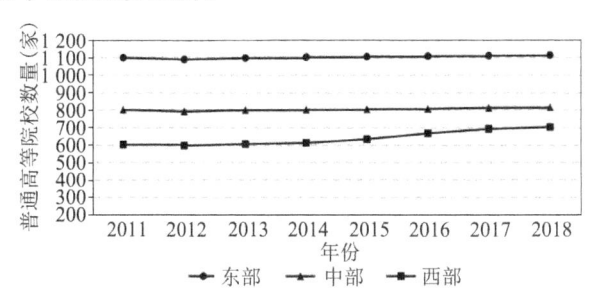

图 6-5　我国东中西部地区普通高等院校数量变化趋势

6.6 本章小结

本章首先构建了企业技术创新投入与产出指标体系,并选取我国 188 家战略性新兴产业上市公司作为样本,按照其属性划分为国有企业和非国有企业,按照其注册地归属划分东中西部区域,根据 2011—2018 年这 8 年时间内上市公司的数据,运用超效率 DEA 模型进行技术创新效率的测度与比较,并对结果进行了简要分析,研究结果如下。

(1) 在国家大力支持战略性新兴产业发展的背景下,战略性新兴产业整体技术创新效率有所增长,但增速较为缓慢。"十二五"以来,中央政府先后设立国家科技成果转化引导基金、国家集成电路产业投资基金等产业投资引导基金以支持新兴、重点、战略性产业的发展。习近平总书记在参加十三届全国人大一次会议广东代表团的审议时强调:"要更加重视发展实体经济,把新一代信息技术、高端装备制造、绿色低碳、生物医药、数字经济、新材料、海洋经济等战略性新兴产业发展作为重中之重,构筑产业体系新支柱。要以壮士断腕的勇气,果断淘汰那些高污染、高排放的产业和企业,为新兴产业发展腾出空间。"

(2) 国有企业与非国有企业的技术创新效率都在平稳增长。国有企业相对容易获得丰厚的补贴,使得创新活动存在挤出效应,导致产生技术创新惰性。非国有企业的技术创新效率小幅超过了国有企业,但相对于国有企业而言,非国有企业创新获得的补贴较少,导致创新效率增速较为缓慢。

(3) 从地区间差异来看,东部地区一直处于领先地位,中部地区紧随其后,西部地区技术创新效率相对较低,地区之间创新要素的流动依然存在较大的壁垒,协调机制依旧不够顺畅。近年来,国家对西部的创新发展加大了支持力度,西部的技术创新效率水平也在渐渐接近中部水平,存在较大的提升空间。

为进一步提高战略性新兴产业的技术创新效率,本书基于上述研究结论提出如下对策建议。

(1) 整体而言,我国战略性新兴产业技术创新效率在逐渐上升,但是近几年发展缓慢,外部冲击使得创新效率有所下滑。2020年伊始,银保监会、证监会等部门已经进行相关政策部署,积极支持战略性新兴产业、先进制造业和科技创新的金融产品,国家对战略性新兴产业的支持力度继续加大。在此背景下,我们要加快建设发展战略性新兴产业创新合作网,推动企业间的创新资源整合、产业链深度融合,实现资源共享、优势互补,提升整体创新能力。要依托战略性新兴产业的龙头企业、科研院所等,整合产业链的创新资源,促进产学研协同创新。只有在跨产业、跨区域协同创新的背景下,当我国经济面对外部冲击时,创新型企业才能保持良好的创新效率。

(2) 由于政府的资金鼓励及相应政策的支持,国有企业走向成熟期,行业布局逐步走向合理化,但是整体而言,国有企业和非国有企业的技术创新效率上升都较为缓慢。

随着新一轮科技革命和产业变革孕育兴起,创新已经成为企业发展壮大、提升全球竞争力的决定性力量。我国国有企业应加快从要素驱动向创新驱动转变,从追求规模、速度升级为追求高品质、高附加值、高效率发展,不断增强自身实力和全球竞争力,实现高质量发展。国有企业要进一步提高资源管理水平及资源利用效率,在优化要素投入方式、强化创新发展的体制机制激励等方面下更大功夫。

政府对非国有企业的补贴应该更有针对性,要以成长期的中小私营、民营企业为主,这些企业不仅更需要政府补贴来开展创新活动,也能使政府补贴发挥较好的效果。政府还可以鼓励企业组织参与创新型产学研活动,通过丰富的创新活动使企业充分地利用高校、科研机构等的创新资源,弥补企业在研发资源方面的不足,并能在一定程度上缓解资金不足给企业创新活动带来的制约。

(3) 战略性新兴产业技术创新效率存在较为明显的空间特征,尤其是中、西部与东部相比,技术创新效率相对较低。东部由于高新区发展较早且高校数量较多,技术创新效率较高。为了加速科技创新要素的流动,推动科技创新要素在各地区的合理配置,政府可以引导中部和西部地区的企业和高校建立产业协同创新机构,吸纳东部的企业、高校或创新机构,联合有关部门和单位承担科技创新项目,特别是要营造能使科研人员潜心研究的氛围,建立起合理科学的创新评价体系。

　　东中西区域的协调机制依旧不够顺畅,跨区域协调机制尚不健全。机制规划的重点应该聚焦于一些跨区域的目标设定及重大基础设施的布局等,有关执法部门要联手制定具体的实施细则,将有关科技协同创新的制度落到实处。

7 我国金融支持对战略性新兴产业技术创新效率影响的实证分析

7.1 金融支持对战略性新兴产业技术创新效率的影响机理分析

在现代经济关系中,金融已经成为经济发展的核心,在产业发展过程中,金融业发挥着显著作用[157]。因此,完善金融支持体系,发挥其引导和支持作用,能为战略性新兴产业发展提供更有效的保障。新增长理论认为,金融发展对创新有着推动作用,而如今相对于金融发展水平,金融资源的配置显得更为重要[158]。然而,我国金融支持在战略性新兴产业发展过程中的资源配置效率较低,存在金融资源错配问题[188]。金融资源错配是指金融资源未能按照效率原则配置到实体经济的有效产出之中,反而配置到低效率部门和高风险行业,从而导致金融资源配置的"非理性"或者"错配"[159]。首先,我国的财政分权体制使得部分地方政府为追求财政政绩而直接或间接干预地方的金融系统,表现出控制地方金融资源的倾向,从而影响金融体系的资本配置功能[160]。其次,在理想的利率市场化的情况下,资金价格即利率能根据市场资金的供求状况自由调整,但是在利率被管制的情况下,"融资歧视"的现象普遍存在,使得有能力创造产值、解决劳动力就业问题的战略性新兴产业只能够获得少量金融资产而无法扩大规模。最后,由于研发投资本身信息不对称和缺乏抵押品等特点,企业在研发时都会面临融资约束问题,从而对企业技术创新效率造成影响。同时,遭受融资约束的企业面临金融资源错配带来的资金使用成本高等问题,难以从其他正规金融渠道获得较低成本的资金,从而加剧了金融资源错配对研发投入的影响,进一步阻碍了技术创新。李扬[161]认为有效发挥金融配置资源的中介作用是金融支持实体经济发展的根本要求,应理顺金融中介配置资源的市场基准,建立稳定的资金筹措机制。

7.1.1 直接影响机理

(1) 金融资源错配导致研发资金使用成本加剧,影响企业技术创新效率

若金融资源得到错误的配置,将提高企业间差异化的融资成本,阻碍企业间金融资源的配置效率,企业的研发投入将受到一定程度影响,在企业中不同的资金配置效率将会产生不同的技术创新效率。由于研发活动的这些特征,在企业出现金融错配问题时,对于那些在研发过程中使用更多资金的企业而言,其还债的压力更大,这就会造成该企业在研发项目投资方面产生排斥心理,对研发的投资支出更少。具体来说,金融资源发生错配的背景下,对于那些高效率企业来说,其融资成本将会急剧上升,而低效率企业的融资成本则相对降低。这种以资金使用成本和效率的不平等为表现的金融资源错配迫使高效率的企业减少研发资金投入,技术创新效率受到一定程度影响。

(2) 金融资源错配对研发资金投入造成"挤出效应",影响技术创新效率

对企业而言,投入生产的资本和投入研发的资本都是通过企业自有资本或是通过外部融资而获取到的,生产和研发的资本有同样的融资渠道,并且面临同样的融资条件限制。因为研发活动的以上各项特点,企业在对资本进行自主配置期间,较为侧重于进行可以获取当期产出的生产资本投入,而对回报周期较长的研发投入进行缩减。因此,当

存在金融错配问题时,企业会加大对研发活动的资金把控力度,研发资本投入会遭到融资约束的限制,企业对于研发活动所投入的资本将明显比没有金融错配问题时投入的更少,技术创新效率受到影响。

7.1.2 间接影响机理

(1) 金融资源错配产生寻租关系,间接改变企业技术创新效率

在存在金融错配问题的情况下,企业能够通过寻租活动来获取超额利润,Connolly 等[162]、Murphy 等[163]的研究表明,在一个经济体中,与没有相应寻租机会的情况相比,在有寻租机会时,企业投资于寻租机会的倾向会更为明显。企业寻找寻租机会将从两个层面对企业技术创新效率带来严重影响:第一,在企业可以通过寻租关系获取超额利润的情况下,企业通过提高竞争力水平来获取超额利润的意向会被弱化,使企业技术创新激励降低;第二,如果企业有机会建立寻租关系,从而获取寻租收益,获取超额利润,那么为了能够保持这种获取超额收益的状态,企业也更倾向于一直保持寻租关系。为了保持这一关系,企业也需要投入很大的人力、物力、资金成本,在更多的资源被投入寻租活动之后,企业研发创新活动所需资金就更加不足,从而对企业技术创新效率造成了很大程度的限制。

(2) 金融资源错配导致市场结构趋近于垄断,影响企业技术创新效率

金融资源错配问题的存在导致非国有企业面临发展困难、增长困难、规模难以扩大的问题,市场份额多数都被国有企业所占有,在一个行业当中,如果国有企业的占比较大,则会产生垄断问题[164]。

当前学界在对市场结构和技术创新之间关系的认识上主要有以下三种观点。第一种观点认为,研发创新需要投入较多的资金,但最终获取收益却有很大的不确定性,很多大型企业有能力承担这样的高成本和高风险。同时,垄断带来的超额利润可以让企业有更大的研发创新动力,并且也可以为企业的研发活动获取充分的资金,所以,市场集中度更高的情况往往也意味着更高的产业技术创新效率。

第二种观点认为,产业集中度高则意味着竞争程度不足,在这样的市场环境下,企业的创新动力不足,所以,市场垄断性较为明显的情况下,企业技术创新的效率也偏低。最后一种观点是,在市场结构既不属于完全竞争也不偏向垄断的情况下,创新活动将广泛存在。基于以上分析可以发现,市场结构也会显著影响企业技术创新效率。金融错配带来的国有企业和非国有企业间差距的加大将加剧市场结构趋近于垄断,对企业技术创新效率产生间接的不确定性影响。

图7-1概括了金融支持对技术创新效率的影响机理。综合上述分析来看,金融支持过程中存在政府干预、借贷约束、信息不对称等问题,导致金融资源错配,对技术创新效率的直接影响途径体现在:一方面,金融资源在企业间的错配将造成金融资源过多地配置于产业内低效的企业,造成高效率的企业面临严峻的融资约束,研发资金使用成本的提高将导致研发资金投入受到限制,进而直接造成高效率企业的技术创新效率受损;另一方面,金融资源错配的存在使得企业更加偏好于短周期回报的生产项目,如此必然对研发资金投入造成"挤出效应",对技术创新效率的提高产生负面影响。从间接影响机理来看,在金融资源错配背景下产生的寻租活动的愈发活跃,一方面削弱了企业的技术创新动力,另一方面必然会挤占研发活动所需的人力、物力、资金等各项研发资源,进而降低企业技术创新效率;金融资源错配导致的结果是市场逐渐趋近于垄断,给市场中企业的技术创新效率带来不确定性影响。因此,金融资源错配通过多个渠道综合作用于技术创新效率,其最终对技术创新效率水平的影响存在不确定性。

7.1.3 模型构建

基于上一章中用超效率DEA方法对战略性新兴产业上市公司的技术创新效率的测算与分析,本章对188家战略性新兴产业上市公司的技术创新效率情况有了一个总体把握:全国战略性新兴产业企业技术创新效率存在着显著的所有制差异和地区差异。为此,本章将188家上市公司按所有制分为国有企业组和非国有企业组,按

7 我国金融支持对战略性新兴产业技术创新效率影响的实证分析

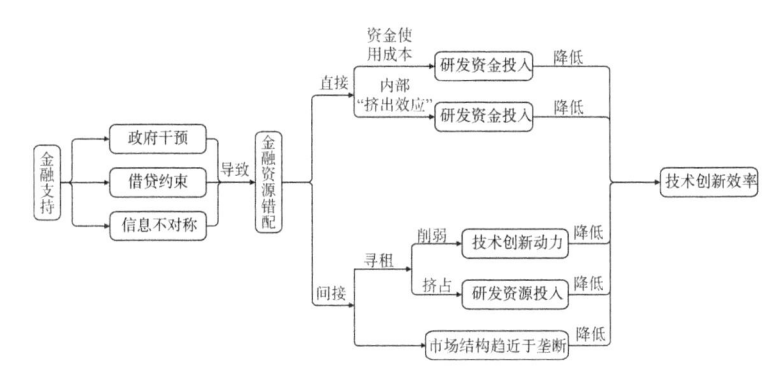

图 7-1　金融支持对技术创新效率的影响机理

上市公司所在地分为东部地区组和中、西部地区组。

分别对样本企业整体、不同所有制企业组和不同地区企业组构建面板回归模型,分析金融资源错配对战略性新兴产业技术创新效率的影响。

$$PE_{it} = \alpha + \beta_1 FM_{it} + \beta_2 \ln SIZE_{it} + \beta_3 AGE_{it} + \beta_4 ROE_{it} + \beta_5 DAR_{it} + \beta_6 GROWTH_{it} + \beta_7 \ln GOV_{it} + \varepsilon_{it} \quad i=1,2,\cdots,m; \, t=1,2,\cdots,T \quad (7-1)$$

式(7-1)中,PE_{it} 为企业技术创新效率;FM_{it} 为金融资源错配度;$SIZE_{it}$ 为企业规模;AGE_{it} 为企业年龄;ROE_{it} 为企业经营绩效,用企业净资产收益率来衡量;DAR_{it} 表示资产负债率;$GROWTH_{it}$ 为企业成长性,用企业营业利润同比增长率来衡量;GOV_{it} 为政府补助强度,用政府补助资金的自然对数来衡量;α 表示个体效应;ε_{it} 是模型的残差项。

7.2　变量选取

7.2.1　被解释变量

被解释变量为企业技术创新效率(PE)。学术界对技术创新的研究主要围绕三个方面:第一类是从创新投入角度展开研究,例如研发资金投入和研发人员投入[165];第二类是从创新产出角度展开研究,如专利申请或授权数量、新产品销售收入等[166];第三类是从全要素生产率(TFP)角度展开研究[167],在实践中由于我国有关资本统计数据的缺乏,该方法的运用受到了限制。为了能够完整地反映战略性新兴产业从创新投入到创新产出过程中的技术创新整体水平,本章将企业技术创新效率作为被解释变量,研究其变化趋势及受到金融资源错配影响的情况。

7.2.2 核心解释变量

核心解释变量为金融资源错配度(FM)。目前,学术界对于金融资源错配度的测算还未产生一致的方法,在之前的很多相关文献中,针对金融错配问题进行研究,主要采用以下三种研究方法:第一种是以银行数据为基础来展开对金融错配程度的判断,具体为以存贷比和国有商业银行信贷比重作为判断依据[168],但是因为资金来源具有非正规性,所以这类衡量方式存在较大问题;第二种是将生产率的偏离度作为衡量依据[169];第三种方法由邵挺[170]提出,本章借鉴该方法来测度金融资源错配度,具体的步骤是先计算各个企业的资金使用成本(公司财务费用中利息支出与扣除应付账款后的负债数额之比),然后计算各个企业的资金成本相对于其所在行业平均资金使用成本的偏离度,计算得到的偏离程度便是金融资源错配的程度,测度公式如下:

$$r_i = r \times (1 + \mu_k) \tag{7-2}$$

式(7-2)中,r_i是企业i的资金使用成本;r是行业平均资金使用成本,以企业利息支出与去除应付账款后的负债总额之比来衡量,μ_k是企业i面临的金融资源错配程度,为

$$\mu_k = (r_i/r) - 1 \tag{7-3}$$

令

$$FM = \mu_k \quad FM \in (-\infty, +\infty)$$

当$FM=0$时,企业i未发生金融资源错配;当$FM<0$时,企业i的融

资成本低于行业平均水平,企业获得金融资源相对容易;当 $FM>0$ 时,企业融资成本高于行业平均成本,企业获得金融资源会相对较为困难。$FM>0$ 或 $FM<0$,都说明存在金融资源错配。

7.2.3 控制变量

为了加强本章分析结果的准确性,研究还加入了其他的控制变量,这些控制变量主要是对技术创新效率产生一定影响。根据实际情况选取以下六个变量作为本章的控制变量。

(1)企业规模($SIZE$)。企业自身所具有的规模会影响到其自身技术创新能力的提升,该变量的影响具体体现为以下两点:第一点,公司规模越大,该公司所具有的信誉度就越好,在实际融资的情况下就能获得更多融资机会;第二点,公司的规模越大,经营能力和体制就越完善,抗击市场风险的实力就会越雄厚。王宛秋和马红君[171]通过实证研究得出如下结论:企业规模越大,在相关技术领域就会获得更大的突破。该指标的替代变量是企业总资产的自然对数值。

(2)企业年龄(AGE)。企业年龄会对企业的技术创新效率造成一定的影响,因为企业在自身发展的过程中会经历一个周期的循环,也就是企业的开发期、企业的成长期、企业的成熟期以及企业的衰退期,而企业自身的技术创新效率主要是在成长期会得到快速提升,这种趋势对于有的企业而言也会一直延续到企业的成熟期。温源[172]对我国创业板上市企业进行了数据调查并指出,当企业的年龄在5~10年时,其自身所拥有的创新效率和技术水平最高,基于此,本章引入企业年龄作为控制变量。

(3)企业经营绩效(ROE)。衡量企业在实际经营过程中所表现出来的综合实力,需要对企业自身的经营绩效进行评估,业绩好的公司往往具有较强的成长性,从而可对自身的资产结构进行更加全面的把控,其经营效益也倾向于保持稳定的状态。技术创新效率的提高需要稳定的外部环境支持,这就需要企业不断提高自身经营绩效。本章借鉴何珮珺和张巧良[165]的相关研究,用净资产收益率来考量其盈利能力的高低。

（4）企业资产负债率（DAR）。资产负债率可以体现出企业的财务风险管理水平，企业负债越高，面临的财务风险越大，而技术创新本身是一项高风险的活动。因此，资产负债率的提高会减弱企业技术创新的动力，进而影响其创新效率。

（5）企业成长性（GROWTH）。成长性好的企业往往拥有更多财力投入创新活动，营业利润增长率可以反映企业的市场占有速度，是企业成长性的替代指标，借鉴相关文献[173][174]对企业技术创新的研究，本章选取企业营业利润增长率来衡量企业成长性。

（6）政府补助强度（GOV）。高风险、高收益是技术创新本身最鲜明的特征，高风险带来的技术创新投资回报的不确定性较高，因此面临一定的融资约束，政府补助对于战略性新兴产业开展技术创新具有重要支持作用。戴浩和柳剑平[175]研究发现，政府补助能够显著提高企业研发资金投入和技术人员投入，进而促进企业技术创新。因此，本章以政府补助资金的自然对数来衡量政府补助强度。

表 7-1 对被解释变量、核心解释变量以及控制变量进行了定义与说明。

表 7-1 变量及定义说明

类型	名称	符号	定义
被解释变量	企业技术创新效率	PE	第六章中测度企业的技术创新效率
核心解释变量	金融资源错配度	FM	（公司资金使用成本/行业平均资金使用成本）−1
控制变量	企业规模	SIZE	各上市公司年末资产总额
	企业年龄	AGE	观察年度与公司成立年度之差
	企业经营绩效	ROE	各上市公司的净资产收益率
	企业资产负债率	DAR	各上市公司的资产负债率
	企业成长性	GROWTH	营业利润的同比增长率
	政府补助强度	GOV	政府补助收入

7.3 数据来源与描述性统计

7.3.1 数据来源

根据研究需要和数据的可获得性,选择 2011—2018 年为研究的时间跨度,技术创新效率变量数据来自第六章的测算结果,其他变量数据均来自万得数据库和中国经济金融研究数据库,在进行相关的数据处理以及建模分析时,主要采用了 STATA 14.0 软件。

7.3.2 变量描述性统计

在模型估计之前,首先对 188 家战略性新兴产业上市公司 2011—2018 年的面板数据进行描述性统计分析。

(1) 样本总体变量描述性统计

从表 7-2 对我国战略性新兴产业上市公司 188 个样本的相关变量的描述性统计可以看出,就表中整体统计数据而言,我国战略性新兴产业的上市公司在样本期间所达到的技术创新效率均值为 0.172,最大值为 4.709,与最小值之间的差距较为明显。在企业的金融资源错配程度方面,最大值为 11.584,最小值为 −1.153,均值为 0.010,标准差为 0.701,企业间的金融资源错配度差异较明显。从上市公司规模来看,最小值和最大值相差较大,且标准差较大,说明我国战略性新兴产业上市公司间的规模差异较大。政府补助的最大值为 9.83E+08,最小值为 84 540,与平均值 3.52E+07 之间的差别均较大,这表明我国战略性新兴产业上市公司获得政府补助的差异较大。

表 7-2 样本总体变量描述性统计

变量	观测数	均值	标准差	最小值	最大值
PE	1 504	0.172	0.285	0.000	4.709
FM	1 504	0.010	0.701	−1.153	11.584

(续表)

变量	观测数	均值	标准差	最小值	最大值
SIZE	1 504	7.81E+09	1.23E+10	1.80E+08	1.59E+11
AGE	1 504	21.229	5.125	13.000	64.000
ROE	1 504	0.021	0.098	−2.008	0.863
DAR	1 504	0.454	0.194	0.002	2.861
GROWTH	1 504	0.399	1.418	−1.502	12.309
GOV	1 504	3.52E+07	5.77E+07	84 540	9.83E+08

（2）不同所有制样本企业变量描述性统计

表7-3是按企业所有权性质进行分组，对各变量进行的相关描述。

表7-3 不同所有制样本企业变量描述性统计

所有权性质	变量	观测数	均值	标准差	最小值	最大值
国有企业	PE	384	0.177	0.238	0.000	2.266
	FM	384	−0.128	0.590	−1.000	3.206
	SIZE	384	1.08E+10	1.44E+10	7.85E+08	9.13E+10
	AGE	384	22.688	3.975	15.000	31.000
	ROE	384	0.030	0.060	−0.335	0.381
	DAR	384	0.477	0.199	0.008	0.995
	GROWTH	384	0.358	1.198	−1.502	7.697
	GOV	384	4.45E+07	5.47E+07	84 540	5.63E+08
非国有企业	PE	1 120	0.171	0.299	0.000	4.709
	FM	1 120	0.058	0.729	−1.153	11.584
	SIZE	1 120	6.80E+09	1.13E+10	1.80E+08	1.59E+11
	AGE	1 120	20.729	5.375	13.000	64.000
	ROE	1 120	0.018	0.108	−2.008	0.863
	DAR	1 120	0.446	0.192	0.002	2.861
	GROWTH	1 120	0.413	1.486	−1.356	12.309
	GOV	1 120	3.20E+07	5.84E+07	99 062.44	9.83E+08

通过计算分析后可以得出,国有企业和非国有企业技术创新效率的平均值分别为0.177和0.171,两者的差距较小。从表中所显示的金融资源错配程度的平均值来看,非国有企业整体的融资水平比国有企业整体的融资水平要高,前者所呈现的指标值是正数,后者所呈现的指标值是负数,前者的指标值为0.058,后者的指标值为-0.128。从中可以看出,国有企业和非国有企业间的技术创新效率水平差距非常小,但是非国有企业面临的金融资源错配程度较高。根据表中计算结果可知,由于所有权不同,金融资源错配度和技术创新效率均表现出一定差异。

从表7-3可以看出,非国有企业的规模小于国有企业的规模。从企业的净资产收益率来看,非国有企业和国有企业的净资产收益率的均值非常接近,这说明非国有企业的经营绩效与国有企业的经营绩效接近。非国有企业的资产负债率水平与国有企业相比存在一定差距,较之于国有企业低很多。这一方面表明,由于经营状况不好,非国有企业不愿意融资,另一方面也反映了非国有企业的融资能力不如国有企业。从营业利润同比增长率指标来看,非国有企业的营业利润同比增长率的均值为0.413,而国有企业的营业利润同比增长率的均值为0.358,非国有企业比国有企业发展得好,换言之,非国有企业自身具备较强的成长性。从政府补助来看,国有企业政府补助收入的均值为4.45E+07,非国有企业为3.20E+07,国有企业的政府补助收入高于非国有企业,但是两者差距不大,说明政府逐渐加大了对非国有企业的补助力度,大力支持战略性新兴产业企业的发展。

(3) 不同地区样本企业变量的描述性统计

表7-4是按企业所在地区进行分组,对各变量进行的描述性统计结果。通过分析可以看出,东部地区企业的技术创新效率的均值为0.173,而中西部地区企业的技术创新效率的均值为0.171,通过比较不难发现,中西部地区整体的效率比东部地区的效率低。从表中所显示的金融资源错配程度来看,东部地区企业的金融资

源错配程度的均值为-0.015,金融资源错配指标表现为负值,融资成本较低,而中西部地区企业的金融资源错配程度的均值为0.003,金融资源错配指标表现为正值,融资成本较高。从中可以看出,东部地区企业的技术创新效率比中西部地区高,而东部地区企业的金融资源错配程度比中西部地区低。从表中数据可以初步看出,金融资源错配对不同地区上市公司技术创新效率的影响也存在差异。

表7-4 不同地区样本企业变量描述性统计

地区	变量	观测数	均值	标准差	最小值	最大值
东部	PE	1 128	0.173	0.297	0.000	4.709
	FM	1 128	-0.015	0.750	-1.153	11.584
	SIZE	1 128	1.11E+10	1.12E+10	1.80E+08	1.59E+11
	AGE	1 128	21.078	5.434	13.000	64.000
	ROE	1 128	0.025	0.109	-2.008	0.863
	DAR	1 128	0.444	0.203	0.002	2.861
	GROWTH	1 128	0.399	1.411	-1.502	12.309
	GOV	1 128	3.34E+07	5.98E+07	84 540	9.83E+08
中西部	PE	376	0.171	0.247	0.000	2.266
	FM	376	0.003	0.527	-1.000	3.206
	SIZE	376	6.72E+09	1.48E+10	4.92E+08	9.13E+10
	AGE	376	21.681	4.032	15.000	34.000
	ROE	376	0.020	0.056	-0.201	0.381
	DAR	376	0.483	0.163	0.057	0.867
	GROWTH	376	0.325	1.439	-0.996	8.772
	GOV	376	4.06E+07	5.07E+07	500 000	3.28E+08

从企业规模来看,东部地区的企业规模的均值大于中西部地区的均值。从企业的净资产收益率来看,东部地区企业的净资产收益率明显大于中西部地区,说明东部地区企业的经营绩效总体上比中

西部地区企业好。从资产负债率水平来看,东部地区企业和中西部地区企业的资产负债率的均值差距较小,这说明中西部地区企业的融资能力已经与东部地区企业相当,这得益于我国大力支持中西部地区战略性新兴产业发展的相关政策。从营业利润同比增长率指标来看,东部地区企业的营业利润同比增长率的均值为 0.399,而中西部地区企业的营业利润同比增长率的均值为 0.325,东部地区企业明显好于中西部地区企业,意味着东部地区企业的成长性好于中西部地区企业。从政府补助来看,东部地区企业的政府补助收入的均值为 3.34E+07,中西部地区企业的政府补助收入的均值为 4.06E+07,中西部地区企业的政府补助收入高于东部地区企业,且中西部地区政府补助的标准差比东部地区小,但是两者差距不大,说明战略性新兴产业上市公司获得的政府补助的地区差异较小。

7.3.3 变量相关性分析

为了避免回归中出现多重共线性问题对回归结果的准确性造成影响,对自变量和控制变量进行 Pearson 检验以及 Spearman 检验,二者的检验结果如表 7-5 和表 7-6 所示。结果显示,各变量之间的相关系数的绝对值均在 0.6 以下,这意味着本章选取的回归变量之间多重共线性并不强。

表 7-5 变量的 Pearson 相关性检验

变量	FM	lnSIZE	lnAGE	ROE	DAR	GROWTH	lnGOV
FM	1.000 0						
lnSIZE	−0.083 2	1.000 0					
lnAGE	−0.060 5	0.158 7	1.000 0				
ROE	−0.136 6	0.048 4	0.088 3	1.000 0			
DAR	0.158 5	0.427 9	0.088 1	−0.421 1	1.000 0		
GROWTH	0.015 6	−0.003 7	−0.016 4	0.136 4	−0.013 3	1.000 0	
lnGOV	−0.094 2	0.404 1	0.080 0	0.024 2	0.263 5	−0.021 2	1.000 0

表 7-6 变量的 Spearman 相关性检验

变量	FM	lnSIZE	lnAGE	ROE	DAR	GROWTH	lnGOV
FM	1.000 0						
lnSIZE	−0.024 8	1.000 0					
lnAGE	−0.012 7	0.124 8	1.000 0				
ROE	−0.312 6	−0.043 5	0.022 1	1.000 0			
DAR	0.257 7	0.465 0	0.116 4	−0.401 1	1.000 0		
GROWTH	−0.035 4	0.015 6	−0.010 0	0.323 4	−0.018 9	1.000 0	
lnGOV	−0.071 6	0.406 2	0.074 0	−0.044 2	0.293 8	−0.016 4	1.000 0

本章接下来进行了方差膨胀因子检验,以进一步检验多重共线性存在的可能性,检验结果如表 7-7 所示。各被检验变量的 VIF 值均在 3 以下,VIF 平均值也仅有 1.38,可知不存在显著的多重共线性问题。

表 7-7 变量的 VIF 检验

变量	FM	SIZE	AGE	ROE	DAR	GROWTH	GOV	均值
VIF	1.93	1.68	1.58	1.37	1.06	1.04	1.03	1.38
1/VIF	0.517 309	0.596 271	0.632 184	0.732 007	0.939 769	0.959 259	0.975 435	—

7.4 实证结果分析

7.4.1 总体分析

回归估计面板数据之前,先对采取哪个模型进行判断,合适的模型是随机效应模型还是混合 OLS 模型,抑或二者都无法很好地拟合数据,而应当采用固定效应模型?其中,对选择固定效应模型还是混合 OLS 模型进行判定,需要进行 F 检验;对混合 OLS 模型和随机效应模型哪个更佳进行判断,则要进行 LM 检验;对到底选择固定效应模型还是随机效应模型进行判定,需要进行 Hausman 检验,检验结果如表 7-8 所示。

7 | 我国金融支持对战略性新兴产业技术创新效率影响的实证分析

表 7-8　金融资源错配对技术创新效率的整体回归结果

变量	混合 OLS 模型	随机效应模型	固定效应模型
FM	−0.005*	−0.013**	−0.008**
	(−0.48)	(−1.04)	(−0.71)
$\ln AGE$	−0.011	−0.005	−0.008
	(−0.31)	(0.34)	(0.15)
$\ln SIZE$	−0.020*	−0.059***	−0.061***
	(1.95)	(−3.45)	(0.06)
ROE	0.052*	0.036**	0.083**
	(0.98)	(0.60)	(0.41)
DAR	0.137***	0.014*	0.120**
	(2.82)	(0.19)	(2.08)
$GROWTH$	0.007	0.001*	0.005*
	(−1.39)	(−0.29)	(−1.03)
$\ln GOV$	0.001	0.018*	0.008**
	(0.16)	(−1.90)	(−1.01)
常数项	−0.317	1.782***	0.214*
	(−1.57)	(5.42)	(0.81)
观测数	1 504	1 504	1 504
样本数	188	188	188
R-squared	0.198	0.227	0.345
F	7.90***	—	20.74***
LM 检验	—	188.69***	—
F 检验	—	—	3.6***
Hausman 检验	—	—	47.00***

注：*** $p<0.01$；** $p<0.05$；* $p<0.1$；括号内是 t 值。

先进行 F 检验，以对采取固定效应模型还是混合 OLS 模型进行判断，检验的最终结果是检验统计量 F 值以及 P 值，依次为 3.6 和 0，所以采取固定效应模型比混合 OLS 模型好；然后进行 LM 检验，以对采取随机效应模型还是混合 OLS 模型进行判断,检验的最终结果是检验统计量 chibar2 以及 P 值依次是 188.69 和 0,所以采取随机效应模型优于混合 OLS 模型;最后进行 Hausman 检验,以对选取随机效应模型还是固定效应模型进行判断,最终的检验结果是检验统计量 chi2 值以及 P 值依次是 47.00 和 0,所以拒绝原假设,采用固定效应模型。综上所述,最后以固定效应模型对总体样本进行回归分析。表 7-8 给出了全样本组的回归结果。

从表 7-8 可看到,企业技术创新效率在其他控制变量的作用下,不仅在固定效应模型中 FM 的系数为负,并且在随机效应模型以及混合 OLS 模型中也均为负,这一结果也支持了本章的理论分析,即金融资源错配对战略性新兴产业技术创新效率具有一定的负向影响,说明在我国战略性新兴产业内部存在金融资源错配的情况下,产业内企业技术创新效率的提高受到了抑制,企业面临金融资源错配的程度越大,技术创新效率被抑制的程度就越大。

企业规模与企业技术创新效率之间的关系呈反比。分析结果显示,企业规模(lnSIZE)的系数为负,通过了置信水平为 1% 的显著性检验,说明企业规模越大,战略性新兴产业上市公司的技术创新效率越低。回顾现有文献,目前学术界对于企业规模与技术创新效率关系的研究结果还未达成一致。白俊红[176]研究指出,虽然大企业在融资和风险承担能力方面占有绝对优势,但是当企业跨过成本最低拐点以后,企业部门繁多、机构冗杂的情况会越来越明显,规模不经济的问题越来越突出,而研发经费不断增加,很容易造成资源的浪费,资源无法得到优化配置,导致企业技术创新效率被拉低。

企业资产负债率与技术创新效率正相关。企业资产负债率(DAR)的系数在 5% 水平上显著为正,说明战略性新兴产业上市公司的资产负债率越高,技术创新效率就越高。一方面,企业具有一定的负债能够增加企业的活力,促进企业资金的流转,增强企业技术创新的效率;另一方面,较高的资产负债率能够代表企业较强的融资能力、较小的融资约束和良好的发展前景,有助于吸引更多外部投资,提高企业技术创新效率。

政府补助与企业技术创新效率正相关。政府补助(lnGOV)的系数为正,且在5%置信水平上显著为正,说明政府补助对战略性新兴产业上市公司技术创新效率的提高具有促进作用。由于研发活动具有一定的公共产品属性,存在一定的市场失灵现象,政府补助不仅可以弥补企业研发资金不足、降低企业研发成本和风险[177],还可以提高企业技术创新的积极性、增强技术创新的动力,激励企业扩大研发投入[178],矫正研发活动的市场失灵现象,进而提升企业技术创新效率的水平。

7.4.2 分所有制分析

在对整体样本进行分析之后,为了探究在国有和非国有两种不同所有制性质下,金融资源错配对企业技术创新效率的影响有何差异,接下来对国有企业和非国有企业分别进行回归估计。同样,为了解决三种模型的选择问题,首先进行 LM 检验、F 检验和 Hausman 检验,结果见表 7-9。表 7-9 显示了国有企业和非国有企业样本的回归结果。检验结果显示应采取固定效应模型对国有企业和非国有企业样本进行回归分析。

表 7-9 不同所有制金融资源错配对技术创新的回归结果

变量	国有企业	非国有企业
FM	−0.065**	−0.006***
	(−2.08)	(−0.46)
lnAGE	−0.005	−0.008
	(0.45)	(0.15)
lnSIZE	−0.035 0	−0.068 3***
	(−1.21)	(−3.28)
ROE	0.023*	0.044***
	(0.09)	(0.44)

(续表)

变量	国有企业	非国有企业
DAR	0.017***	0.020***
	(0.13)	(0.22)
GROWTH	0.008	0.000 1
	(−0.85)	(0.02)
lnGOV	−0.025	0.017*
	(−1.51)	(−1.48)
常数项	1.382**	1.947***
	(2.46)	(4.87)
观测数	384	1 120
样本数	48	140
R-squared	0.33	0.24
F	12.78	25.55
LM 检验	105.43***	111.17***
F 检验	1.559***	3.089***
Hausman 检验	28.44**	12.10*

注：***$p<0.01$；**$p<0.05$；*$p<0.1$；括号内是 t 值。

从表 7-9 的回归结果来看，虽然企业所有制性质不同，但金融资源错配对战略性新兴产业中的国有企业与非国有企业的技术创新效率都有明显的抑制作用，这与全样本的角度下金融资源错配导致整体企业技术创新效率下降的结果是相符合的。从系数的大小来看，在国有企业样本回归结果中，企业技术创新效率受到金融资源错配度（FM）影响的系数是−0.065，在 5% 水平上通过显著性检验。在非国有企业样本回归结果中，金融资源错配度的系数为−0.006，在 1% 水平上显著，国有企业技术创新效率受金融资源错配程度的影响比非国有企业大，即存在金融资源错配时，国有企业的技术创新效率降低程度大于非国有企业，所有制歧视下的金融资源错配对国有企业的技术创新效率影响更大。这是因为非国有企业与商业银行之间没有复杂的政治联系，商业银行向非国有企业发放贷款时更多考察企业的经济指标优劣[179]。国有银行更加倾向于向同为国有性质的国有企业提供金融资源,股份制商业银行要考虑到自己的政治目标,致力于与国有企业建立紧密的联系;而大部分城商行的大股东是当地政府,因此对于国有企业而言,银行信贷资源的发放并不完全基于企业的经济性指标,更多出于对政治目标的考虑,这可能导致国有企业内部效率高的企业所获信贷资源有限,进而在研发投入方面对企业技术创新效率形成更大的制约。

从控制变量来看,回归结果中企业规模($\ln SIZE$)的系数在非国有企业模型中为负,在1%水平上通过显著性检验;在国有企业模型中为负,但未通过显著性检验,这说明企业规模对国有战略性新兴产业企业技术创新效率的影响不大。当企业出现规模不经济时,在研发经费增加的同时,资源配置效率不断降低,而国有企业规模大、资金雄厚,具备开展技术创新活动的条件,能够承担巨额的研发费用,抵御研发的风险[180],因此企业技术创新效率受到的影响较小。

企业资产负债率(DAR)对国有企业和非国有企业技术创新效率的影响系数均显著为正,说明无论是国有企业还是非国有企业,其资产负债率越高,技术创新效率就越高。比较两者的系数可以发现,非国有企业模型中的DAR系数比国有企业大,说明较高的负债融资对非国有企业技术创新效率的提升作用更大,这是因为创新驱动是战略性新兴产业发展的重要特征,非国有企业要在产业内获得长足的发展就必须不断提升技术创新能力以提高自身竞争力,因此非国有企业往往具有更大的创新积极性,能够更加合理地配置负债融资,提高技术创新效率。

政府补助($\ln GOV$)的系数在非国有企业模型中为正,在10%水平上通过显著性检验,在国有企业模型中为负,但未通过显著性检验,这说明政府补助对国有战略性新兴产业企业技术创新效率的促进作用不明显。长期以来,国有资产管理体系中所有者缺位,激励监督和问责机制不足,即使享有更多的创新资源和政府优惠,也会出现生产效率和创新效率的双重损失[181]。因此,政府补助对国有企业的创新激励作用会被削弱,甚至有不利影响。而政府资助对民营企业等非国有企业创新的激励作用可能更重要。就资源禀赋而言,民营企业大多先天条件不足,因此更渴望获得政府补助,获得政府补助意味着企业技术创新项目的方向和前景得到了政府的认可,此时非国有企业从研发创新活动带来的政府给予的荣誉中获得的外部信任感和组织自豪感会比国有企业更多[182],进而通过自我激励,通过不断提高自身技术创新效率来寻求与政府行为的平衡互惠关系,为更多技术创新项目奠定长远基础。

7.4.3 分地区分析

在对整体样本、不同所有制性质样本进行回归估计后,接下来对东部地区和中西部地区的样本企业进行回归分析,研究不同地区金融资源错配程度对战略性新兴产业技术创新效率的影响。为了解决三种模型的选择问题,同样先进行 LM 检验、F 检验和 Hausman 检验,结果见表 7-10。结果显示应采取固定效应模型对东部和中西部地区样本进行回归分析。

表 7-10 不同地区金融资源错配对技术创新的回归结果

变量	东部地区	中西部地区
FM	−0.009*	−0.065**
	(−0.65)	(−1.82)
$\ln AGE$	−0.005	−0.008
	(0.34)	(0.15)
$\ln SIZE$	−0.0582***	−0.0645*
	(−2.91)	(−1.88)
ROE	0.081***	0.061**
	(0.83)	(−2.04)
DAR	0.037***	0.179***
	(0.44)	(−1.01)

(续表)

变量	东部地区	中西部地区
GROWTH	0.003*	0.005
	(−0.43)	(0.59)
lnGOV	0.023**	0.002
	(−2.10)	(−0.00)
常数项	1.833***	1.722**
	(4.84)	(2.51)
观测数	1 128	376
样本数	141	47
R-squared	0.26	0.32
F	20.53	14.49
LM检验	106.70**	62.05***
F检验	4.29***	3.51***
Hausman检验	17.43*	19.84*

注：*** $p<0.01$；** $p<0.05$；* $p<0.1$；括号内是 t 值。

由表7-10回归结果可知,虽然企业所属地区不同,但金融资源错配对东部和中西部地区战略性新兴产业上市公司的技术创新效率均存在反向激励作用。东部地区模型中 FM 的系数为−0.009,在10%的水平上显著,中西部地区模型中 FM 的系数为−0.065,在5%的水平上显著,表明金融资源错配对不同地区战略性新兴产业技术创新效率的负向影响程度是不一样的。该研究结论与戴魁早和刘友金[183]的研究结论一致。战略性新兴产业内金融资源错配程度每提高1个单位,东部地区和中西部地区企业的技术创新效率分别下降0.9%和6.5%,后者的影响力度是前者的7倍多,中西部地区战略性新兴产业技术创新效率所受到的金融资源错配的反向激励作用比东部地区更强。东部地区的经济发展水平高、金融体系更完善,使得东部地区战略性新兴产业面临的金融资源错配程度较低,金融资源在该地区战略性新兴产业内的分配效率比中西部地区高,因此企业技术创新效率受金融资源错配的影响程度相对较小,金融资源错配对创新效率的抑制作用在有严重错配的中西部地区更加显著。

7.5 本章小结

本章分析了金融支持对战略性新兴产业企业技术创新效率的影响机理,再通过建立多元回归模型,分所有制和分区域研究金融资源错配对战略性新兴产业企业技术创新效率的影响。结果表明:金融资源错配整体上对战略性新兴产业企业技术创新效率存在负面影响;国有企业和非国有企业、东部和中西部地区战略性新兴产业企业的技术创新效率受金融资源错配的影响程度存在一定差异。就不同所有制企业而言,国有企业技术创新效率受金融资源错配程度的影响大于非国有企业,其原因可能是国有背景使得国有企业的外源融资供给带有更多的政治目的,较少基于企业的各项经济指标,这在提高国有企业外源融资可得性的同时会加剧金融资源在国有企业间的配置缺乏效率,最终使得国有企业技术创新效率受金融资源错配的影响更大。就不同地区而言,金融资源错配程度对中西部地区战略性新兴产业技术创新效率的影响程度更大。金融支持是战略性新兴产业技术创新的一项重要资源,由于较东部发达地区而言,中西部地区新兴企业所处的金融环境较落后,多元化的金融格局尚未形成,能获得的金融资源相对更少,因而受金融资源错配的影响更大。

根据本章研究结论并结合我国战略性新兴产业发展的实践,本书从以下几个方面提出关于改善金融资源错配问题、提高战略性新兴产业技术创新水平的建议。

(1) 减少政府对金融资源分配的干预。由本章的分析可知,由于银行业金融机构受到地方政府的常态化干预,信贷契约的建立很大程度上是基于政治关联,所以在战略性新兴产业中存在这样的局面——国有企业内部往往金融资源配置过度,而非国有企业内部则资金短缺,面临的金融资源错配程度高于国有企业。因此政府的职能应该适度地转变,避免过度干预信贷领域,从干预者转为监督者,进而增强银行业经营决策的自主性,促使银行业严格将企业生产效率、资本回报率等能够反映企业竞争力且具有可比性的指标作为信贷决策的依据,这样才能逐渐缩小战略性新兴产业内国有企业和非国有企业所面对的金融资源错配程度差距。

(2)移除对低效国有企业的保护。我国有一些国有企业处于一种低效或无效的生产状态中,然而由于地方政府对这些国有企业的保护,它们依然可以通过政府干预用低成本从银行获得生产资金来维持经营。这不仅是对金融资源的浪费,也是不公平的资源分配。应当移除政府对这些低效企业的保护,让低效企业直面市场竞争的压力,促使这些企业从自身发展寻找问题所在,走出低效困境。

(3)引导创新资源与金融资源在地区间合理分配。从前文分析可知,我国中西部地区战略性新兴产业技术创新效率与东部地区存在一定差距,且中西部地区战略性新兴产业技术创新效率所受金融资源错配的反向激励作用比东部地区更强。为了缓解金融资源错配对中西部技术创新效率的影响,在提高金融资源在该地区战略性新兴产业内的分配效率的同时,也要解决地区间技术创新效率失衡的问题。政府有关部门应当出台相关的政策,鼓励中西部地区战略性新兴产业企业进行技术创新。一方面,要加大人才投入力度,改善中西部地区战略性新兴产业的人才结构;另一方面,可以采取对中西部地区战略性新兴产业企业进行科研成果奖励、创新补助等政策,促进该地区企业创新活动的开展。

8 我国金融支持对高端装备制造业技术创新效率影响的实证分析

8.1 理论基础

美国经济学家熊彼特曾指出,创新是一个新产能淘汰旧产能的"创造性毁灭"的过程,创新行为能够提升资源配置的效率;创新主要有五种模式,具体包括运用新技术、研发新产品、开拓新市场、更新生产组织形式以及掌握新材料供应来源。因此可以看出熊彼特所阐述的创新实质上包含了技术创新、市场创新、组织创新、制度创新以及管理创新等内容。由此,创新理论发展为两个分支,分别是以技术改革为核心的技术创新和以制度改革为核心的制度创新[120]。

本章对高端装备制造业研究的重点在于政府补贴对技术创新的影响。技术创新的目标是取得直接的经济利益,进而获得间接的社会和生态利益,技术创新贯穿于一个新方法、新产品从最初的计划到最后变成创新效益的全部过程中。技术创新实质上是技术与社会一同发展的崭新模式,它包含企业维度的技术创新、产业维度的技术创新和国家维度的技术创新[121]。

一方面,创新需要资本投资。政府通过填补资本缺口[184]和创新活动所需的部分投资直接对创新造成影响。与大型竞争者相比,小型企业需要更多的钱来进行创新,政府补贴可以有效缓解此类企业为创新进行融资的压力,从而增强了企业的创新主动性[185]。

另一方面,政府补贴是企业无需付出努力即可获得的一种营业外收入。当企业使用政府补贴作为创新活动的资本投入时,企业不一定会在原始投资的基础上扩大创新投资的规模。高成本创新融资可能被政府补贴替代,也就是说,用于其他研发渠道的研发资本可能会被挤出。此外,随着补贴的增加,弥补创新资源的边际效应逐渐变小,补贴的激励效应有逐渐变小的趋势[186]。鉴于上述因素,政府补贴可能会使市场创新资源配置偏离理想状况,并对企业创新活动产生负面影响。

8.2 模型构建与变量说明

8.2.1 模型构建

$$y_{it} = C + \beta_1 Sub_{it} + \beta_2 Sub_{it}^2 + \beta_3 Scale_{it} + \beta_4 Agglo_{it} + \beta_5 Per_{it} + \beta_6 FDI_{it} + \gamma_i + \varepsilon_{it} \tag{8-1}$$

式中,y_{it}为因变量,代表创新效率指数;Sub_{it}、Sub_{it}^2为自变量,代表了政府补贴强度及补贴强度的平方项;$Scale_{it}$、$Agglo_{it}$、Per_{it}、FDI_{it}为控制变量,分别代表企业规模、产业聚集度、经济效益及对外开放度;下标i和t分别代表地区和年份,C为常数项,β为相关变量所对应的系数,γ_i为固定或随机影响项,ε_{it}为随机误差项。

8.2.2 变量说明

(1) 因变量(y_{it})

本章的因变量为高端装备制造业的研发创新效率。采用 VRS

模型计算得出的技术效率来表示创新效率。产出变量用各地区每年高端装备制造业有效发明专利数量表示,投入变量用各地区每年高端装备制造业的R&D人员全时当量及R&D经费内部支出衡量。

(2)自变量(Sub)

借鉴陈少晖[187]的研究,选取财政科技投入总量指标可能无法有效折射出地方财政科技投入力度,而采用相对指标则是国际上较为通行的做法。因此,本章采用了地区财政科技投入占当年GDP的比例来刻画财政科技投入强度。

(3)控制变量

① 企业规模($Scale$)。一般而言,企业规模越大,企业实力就越雄厚,企业拥有的研发经费和研发人员也会越多,从而越有利于促进企业研发效率的提高。借鉴余泳泽[188]的研究,本章采用高端装备制造业总产值与企业数量的比值来衡量企业规模。

② 产业聚集度($Agglo$)。肖仁桥等[50]提出产业集聚促进了企业间知识或技术的交流与传播,且强化了企业的危机意识,从而促进了企业研发效率的不断提升。借鉴杨浩昌等[189]的研究,本章采用高端装备制造业就业人数与土地面积的比值来衡量产业聚集度。

③ 经济效益(Per)。一般认为,企业的经济效益越好,企业就越有能力进行研发。因此经济效益也是影响企业研发效率的重要因素之一。为此,我们把经济效益这一变量纳入考虑。借鉴Glaser和Strauss[190]的研究,本章采用高端装备制造业利税总额占当年销售收入的比例来衡量经济效益。

④ 外商直接投资(FDI)。一方面,外商直接投资的技术外溢效应可提升本国企业的研发效率;另一方面,外商直接投资也会通过挤占国内市场和技术壁垒,制约本国企业的技术进步,从而对本国企业的研发效率产生负向效应。借鉴韩庆潇等[191]的研究,本章采用高端装备制造业中的"三资"产业总产值与高端装备制造业产业总产值的比例来衡量外商直接投资。

8.3 数据来源与描述性统计

考虑样本数据的可得性和一致性等因素,本章选取了我国高端装备制造业 2009—2016 年 8 年 28 个省份的面板数据(不含香港特别行政区、澳门特别行政区和台湾地区的数据)作为样本。鉴于宁夏、青海及西藏有超过三年的数据缺失,因此不在考虑范畴之内,个别数据缺失的用相隔年份的算术平均值替代。研究中所用原始数据均来自《中国统计年鉴》《中国科技统计年鉴》《中国高技术产业统计年鉴》。变量的描述性统计结果如表 8-1 所示。

表 8-1 变量描述性统计

	SUB	SUB²	SCALE	AGGLO	PER	FDI
Mean	3.141 92	16.075 06	3.141 92	3.141 92	3.141 92	3.141 92
Median	2.991 608	1.306 61	2.991 608	2.991 608	2.991 608	2.991 608
Max	10.100 11	340.866 8	10.100 11	10.100 11	10.100 11	10.100 11
Min	0.014 541	2.06E-05	0.014 541	0.014 541	0.014 541	0.014 541
Std. Dev.	1.813 382	42.338 14	1.813 382	1.813 382	1.813 382	1.813 382
Obs.	224	224	224	224	224	224

8.4 实证结果及其分析

经过 T 检验与 Hausman 检验,本章选择固定效应模型(FEM)来进行实证分析,软件为 EViews8。

8.4.1 总体分析

本章首先基于 2009—2016 年我国 28 个省份高端装备制造业总体面板数据,对政府支持与高端装备制造业研发效率进行回归分析,结果见表 8-2。

由表8-2可以看出,政府财政支持对研发效率的影响系数显著为正,这表明从总体上来看,政府补贴有利于促进高端装备制造业研发效率的提高。但是平方项的系数在1%的水平上显著为负,这说明补贴与研发效率呈现倒"U"形关系。这一结果支持了理论基础部分的想法,即政府补贴可以刺激高端装备制造产业进行创新并提高相应产出,但是当补贴到达一定水平时,就会抑制对创新的激励效果。这是因为政府补贴虽然可以直接填补产业创新资金的缺口并降低创新风险,但是一定程度的政府补贴会导致产业获得资源过剩,并挤出部分创新投资,从而消除创新的动力。

表8-2 总体实证分析结果

变量	SUB	SUB^2	SCALE	AGGLO
y	0.031 115**	−0.002 611***	0.020 683**	0.000 000 542***
	(2.361 08)	(−2.693 016)	(2.001 469)	(2.942 613)

变量	PER	FDI	C	OBS.
y	1.028 625**	0.070 74***	0.262 282***	224
	(2.017 384)	(2.98 456)	(3.885 763)	

注:(1)括号中的数值为T检验值;(2)***、**、*分别表示变量系数通过了1%、5%、10%的显著性检验;(3)OBS.表示样本观察值个数。

此外,我们发现企业规模与创新效率成显著的正相关关系,通过了5%的显著性检验,并且当企业规模扩大1%时,创新效率提高0.021%,这表明扩大企业规模对研发创新效率能产生积极影响。规模较大的企业拥有更为雄厚的人力、物力、财力,有更多的资源可以投入创新活动,并且随着企业规模的扩大,其对使用政府补助的规划会进行进一步优化。产业聚集度对高端装备制造业研发效率存在着正面影响,在1%的检验水平下显著,这表明可以通过提高高端装备制造产业聚集度来提高企业技术创新效率,促进企业技术创新水平提升。经济效益对高端装备制造业研发效率的影响在5%水平下显著为正,这表明经济效益的提升同样有利于研发效率的提高,并且当经济效益水平上升1%时,创新效率可以提高1.03%,随着经济实力的不断提高,各地区有更多的资源投入创新活动,促进创新水平增长。外商直接投资对高端装备制造业的影响在1%的检验水平上显著为正,并且当外商直接投资增加1%时,创新效率可以增加0.07%,表明吸引更多的外商直接投资对研发创新效率有积极影响。外商直接投资不仅可以增加国内的资本存量,还可以带来先进的知识与技术,对本国产业有着较强的竞争效应及示范效应。

8.4.2 分地区分析

考虑到我国各地区政府对高技术产业研发投入存在较大的差异,高端装备制造业研发能力也存在着较大的地区差异,因此,有必要在总体分析的基础上进一步考察政府补贴支持对产业研发效率影响的地区差异。本节根据《中国统计年鉴》所用标准将我国整体分为东部、中部、西部地区[①],分别探究政府支持对高端装备制造产业研发效率的影响。表8-3显示了分地区的回归结果。

表8-3 分地区实证分析结果

		东部地区		
变量	SUB	SUB^2	$SCALE$	$AGGLO$
y	0.115 72***	−0.007 908***	0.012 139	−0.000 086 2***
	(3.713 148)	(−2.758 171)	(0.644 954)	(3.949 227)
变量	PER	FDI	C	$OBS.$
y	4.800 382***	0.057 372	0.968 415	224
	(5.666 091)	(1.203 695)	(−1.002 727)	

---

① 东部地区包括北京、天津、河北、辽宁、上海、江苏、浙江、福建、山东、广东、海南11个省、直辖市;中部地区包括山西、吉林、黑龙江、安徽、江西、河南、湖北、湖南8个省;西部地区包括内蒙古、广西、四川、重庆、贵州、云南、陕西、甘肃、新疆9个省、自治区、直辖市。

(续表)

中部地区				
变量	SUB	SUB²	SCALE	AGGLO
y	0.042 791	−0.025 291**	0.031 405*	−0.000 012 6***
	(0.640 566)	(−2.036 875)	(1.721 774)	(−4.102 376)
变量	PER	FDI	C	OBS.
y	−0.711 273	−0.004 898	0.968 415***	224
	(−0.595 674)	(−0.157 445)	(5.942 088)	

西部地区				
变量	SUB	SUB²	SCALE	AGGLO
y	0.044 912*	−0.003 412*	−0.025 002	−0.000 003 65
	(1.975 369)	(−1.896 259)	(−0.897 973)	(−0.639 031)
变量	PER	FDI	C	OBS.
y	−0.895 253	−0.050 112	0.901 808***	224
	(−0.650 354)	(−0.534 734)	(3.937 415)	

注："***"为 $p<0.01$；"**"为 $p<0.05$；"*"为 $p<0.1$；括号内是 t 值。

由表 8-3 可以看出，首先，东部地区政府补贴对研发效率的影响显著为正，平方项的影响系数显著为负，均在 1% 检验水平下显著，这说明在东部地区，政府补贴与创新效率存在着倒"U"形关系。产业聚集度及经济效益在 1% 的检验水平下显著为负，企业规模与外商直接投资对研发效率的影响均不显著。

其次，中部地区政府补贴对研发效率的影响系数虽然为正，但没有通过显著性检验，平方项的影响系数在 5% 的检验水平下显著为负。这表明在中部地区，政府支持并没有显著地促进研发效率增长，而过多的补贴会抑制创新水平的增长。企业规模的影响系数在 10% 的检验水平下显著为正，产业聚集度影响系数在 1% 水平下显著为负。经济效益及外商直接投资对研发创新的影响均不显著。

最后，西部地区政府补贴对研发效率的影响系数为正，且通过了 10% 的显著性检验，平方项影响系数在 10% 的检验水平上显著为负，说明在西部地区,政府支持与研发效率也存在着倒"U"形关系。企业规模、产业聚集度、经济效益及外商直接投资的影响均不显著。

8.5 本章小结

基于2009—2016年中国高端装备制造业样本的面板数据,本章研究了政府补贴与研发效率的关系,认为政府补贴与研发效率成倒"U"形关系,并在整体的基础上,着重考察了政府补贴对不同地区产业研发效率影响的差异,得出以下结论。

(1) 从总体上看,政府补贴对研发效率存在激励作用,政府补贴可以缓解中小企业为创新融资的压力,增强企业的创新主动性。但结果也表明,在一定水平之后,政府补贴会抑制产业的创新。这是由于政府补贴是企业无需付出任何努力就可以得到的资本,当企业使用政府补贴作为创新活动的资本投入时,企业未必会在此基础上增加创新投资,部分原始的投资可能会被政府补贴替代,即用于创新活动的资金可能会被挤出。此外,当补贴超过最佳水平时,也会减少企业改善运营和降低成本的动力[186],导致创新活动的减少。

此外,企业规模的扩大也能显著促进高端装备制造业研发效率的提高,规模较大的企业有更多的资源用于技术研发,有利于企业发挥规模经济效应,实现科技成果的转化,提高企业创新实力,并且大企业在吸引人才和管理能力上占优势,这也符合了熊彼特的观点。产业聚集度的提高对创新研发效率也有显著的正面作用,我们可以通过提高高端装备制造业的产业聚集度来提高企业技术创新效率。产业聚集不仅可以发挥知识、人力和资金等资源优势,形成技术创新网络,加速各种创新资源在聚集区内的传播,有利于创新技术的扩散,还可以通过给聚集区内的企业带来竞争压力和创新动力,促使企业进行自主研发来提高技术创新效率,增强创新意识。经济效益的提高也可以促进研发效率的增长,经济效益较高时,产业会将更多的资源投入创新活动。外商直接投资对研发效率也存在着正面影响,外商直接投资不仅能带来大量的资本存量,而且一般而言,外商投资企业掌握着关键核心技术以及大量的高素质科研人才和管理人才,外商企业在我国直接进行投资,会在科学技术及人员管理方面起到示范及竞争作用。

(2)分地区分析显示,东部地区政府补贴与研发效率呈现倒"U"形关系,且产业聚集度与经济效益对创新研发效率影响较大,企业规模与外商直接投资影响不大。其可能原因在于我国东部地区有较强的资本及技术优势,以及有较多的高新技术产业开发区,产业聚集度和经济效益水平的进一步增长会促进研发效率的增长,企业规模增长带来的规模效应被较高的产业聚集效应替代,外商直接投资也不会增加足够的资本来进一步提高创新效率。

中部地区政府补贴对研发效率没有显著的促进作用,超过一定水平的补贴甚至会造成创新效率的下降。这可能是因为中部地区已经有较强的资本与技术水平,地区本身的创新投入较多,政府对高端装备制造业的补贴会对 R&D 投入造成一定的挤出效应,从而影响了研发创新效率的提升。企业规模的增长对研发创新效率有较为显著的正面影响,而产业聚集度的提升对创新效率有负面影响,这可能是因为高端装备制造业聚集度与研发效率之间存在一个门槛值,当研发要素聚集跨越了这个值,将抑制研发效率的提升[192]。外商直接投资对创新效率的影响不显著,政府通过优惠引资政策吸引到的外商直接投资会对本土投资产生显著的挤出效应[193],从而抑制了本土企业的创新研发效率,甚至会产生负面的竞争效应[194],对本土企业创新效率产生负面影响。

西部地区政府补贴与研发效率也呈现倒"U"形关系,这与东部地区的结论相同。而控制变量即公司规模、产业聚集度、经济效益及外商直接投资均未对研发效率产生显著影响。这可能是由于西部地区高端装备制造业发展相对较慢,现阶段仍较落后,只能依靠政府的资金补贴来推动技术创新的发展,其他因素影响均不大。为推动西部地区企业规模的扩大,政府可以继续加强政策引导,落实"人才引进"计划,为西部地区的高端装备制造业引进高质量人才,减弱人才"东南飞"的趋势[195]。为了防止区域间技术创新效率差距的进一步扩大,中国产业规划部门可以出台相关政策引导中部和东部的产业往西部转移,形成西部地区产业聚集,加速知识、资本、技术等创新要素在企业间的流通,降低聚集区内劳动力、交易及融资的成本,使高端装备制造业在中国区域内分布更为合理[196],并且可以结合自身经济基础及区位优势,形成具有西部特色的高端装备制造业聚集区。加大西部地区的外商引进优惠力度,填补西部资本及技术缺口,通过学习效应获得技术外溢,吸收外商先进的技术及管理经验,提高西部地区的产业成长能力及经营效率,促进西部整体创新能力提高。

9 结论与建议

9.1 研究结论

本书梳理了金融支持及技术创新的相关文献,回顾了战略性新兴产业金融支持及技术创新理论。此外,本书还深入分析了我国战略性新兴产业、战略性新兴产业的金融支持及技术创新的现状,并对美、日、德等发达国家战略性新兴产业金融支持的经验进行了梳理。在理论研究与现状分析的基础上,本书开展了系列相关的实证研究。首先,本书对我国战略性新兴产业金融支持效率进行了实证分析。其次,本书对战略性新兴产业技术创新效率进行了测度,并探究我国金融支持对战略性新兴产业技术创新效率的影响机理,分析了金融错配对战略性新兴产业技术创新的影响。最后,本书以高端装备制造业的有关数据为样本,研究政府补贴与技术创新效率的关系。研究结论如下。

(1) 我国战略性新兴产业总体发展态势良好。在经济下行压力较大的情况下,我国战略性新兴产业各行业的景气指数均有增长。"十三五"时期,我国战略性新兴产业创新引领优势开始凸显,战略性新兴产业发展增速快于我国总体经济增速水平,盈利总额也在平稳上升。战略性新兴产业上市公司技术人员占比呈逐年增长态势,且专本硕学历工作人员占比也在缓慢上升,战略性新兴产业上市公司技术人员结构不断优化升级。

(2)从宏观角度来看,每个季度的宏观经济形势极大地影响着战略性新兴产业金融支持效率。宏观经济形势良好时,闲置储蓄会被吸收转化为金融资金,这使得融资规模得到增加,资本配置得到优化,融资成本降低,产业从金融市场上获取支持的效率较高,反之则效率较低。

从区域角度看,2012年第一季度到2018年第四季度东部、中部、西部的平均金融支持效率分别为0.712、0.733、0.739。由于东部地区是我国经济实力最雄厚、技术最发达的地区,该地区的战略性新兴产业金融支持效率起点较高,而西部起点低。但由于政策扶持力度大,西部地区的战略性新兴产业金融支持效率由2012年第一季度的0.759升至2018年第四季度的0.836,相对来说提升明显。自战略性新兴产业开始发展以来,国家对东部和西部进行了较多的政策支持,造成了资源配置的不平衡,这极大影响了中部地区的战略性新兴产业金融支持效率的提升。从实证结果来看,中部地区的战略性新兴产业金融支持效率始终低于东部和西部,金融支持状况有待改善。总之,各区域金融发展水平不一,缺少结构完善、布局合理的融资闭环,从而难以有效地为战略性新兴产业提供融资选择,战略性新兴产业的金融环境有待改善,金融制度仍需完善。

(3)从整体角度来看,在国家对战略性新兴产业发展的大力支持下,我国战略性新兴产业整体的技术创新效率在逐渐增长,但增速较为缓慢,并且国际环境的复杂性和不确定性带来的冲击也对产业技术创新效率产生了负面影响。

从不同所有制来看,战略性新兴产业的国有企业与非国有企业的技术创新效率均有所增长,从2013年开始,国有企业的技术创新效率逐渐超过非国有企业的技术创新效率。但是国有企业创新效率涨幅平缓,创新动力不足。相对于非国有企业而言,国有企业更容易获得国家补贴,这导致了研发惰性,引起挤出效应,使其创新动力不足。

从地区间差异来看,东中西部的技术创新效率一直在波动中上升。东部地区雄厚的经济及技术实力、高新区的集聚及对人才的合理运用使得东部地区的技术创新效率一直处于领先地位;中部地区仅次于东部地区;西部地区创新效率相对最低。地区之间创新要素的流动依然存在较大的壁垒,协调机制依旧不够顺畅。

(4)整体而言,金融错配对战略性新兴产业技术创新效率影响显著为负,金融资源错配的程度越大,技术创新效率被抑制的程度就越大。企业规模对技术创新效率也存在负面影响,企业规模越大,越容易造成资源浪费,金融错配率上升,导致企业技术创新效率降低。企业资产负债率、政府补助均对技术创新效率存在正面影响:资产负债率越高,代表企业的融资能力越强,有助于企业吸引更多的外部投资;而政府补助越多,就越能弥补研发资金的不足,降低研发成本及风险,提高技术创新效率。

从不同所有制来看,国有企业技术创新效率受金融资源错配程度的负面影响大于非国有企业。对于国有企业而言,金融资源错配程度每增加1%,企业技术创新效率下降0.065%;对于非国有企业而言,金融资源错配程度每增加1%,企业技术创新效率下降0.006%。这是由于相较于非国有企业而言,国有企业与银行有较为复杂的政治关联,银行向国有企业发放贷款时并不完全基于企业的经济性指标,而会考虑银行的政治目标,这导致内部创新效率较高的国有企业所获资源不足,制约了研发投入,抑制了企业技术创新效率的提高。

就地区差异而言,金融资源错配对中西部地区战略性新兴产业技术创新效率的影响程度更大。在东部地区的回归结果中,企业技术创新效率受金融资源错配的影响系数为-0.009;而中西部相应的影响系数为-0.065。金融资源是战略性新兴产业技术创新的一项重要资源,较东部发达地区而言,中西部地区经济发展水平较低、金融体系尚不完善、新兴企业所处的金融环境较落后,所能获得的金融资源相对更少且分配效率相对较低,因而中西部地区受金融资源错配的影响更大。

(5) 在一定范围内,政府补贴对高端装备制造业的研发效率存在正向激励作用,每当政府补贴增加1%,研发效率便增加0.031%。政府补贴可以缓解中小企业的创新融资压力,增强企业的创新主动性。当补贴超过一定水平,政府补贴会导致企业获得资源过剩,造成创新投资的挤出效应,从而抑制了技术创新。东部、西部地区政府补贴与研发效率均呈现倒"U"形关系,中部地区政府补贴对研发效率没有显著的正向作用,超过一定水平的补贴甚至会造成研发效率的下降。

企业规模的扩大也能显著促进高端装备制造业研发效率的提高,规模较大的企业有更为雄厚的资源及更为成熟的管理水平,有助于企业研发创新。产业聚集度对创新研发效率也有显著的正向作用,产业的高聚集度有利于创新资源在各企业间的传播,能给聚集区内的企业带来创新及竞争压力,从而提高技术创新效率。经济效益的提高也可以促进研发效率的增长,一般认为,经济效益越好,企业越有能力进行研发活动。外商直接投资对研发效率也存在显著的激励效应,外商直接投资不仅能带来大量的资本存量,还能带来先进的技术及成熟的管理经验,对本土企业起到示范及竞争作用,增强产业的创新能力。

9.2 政策建议

为了最大化地发挥金融支持对提高战略性新兴产业技术创新效率的促进作用,针对上述结论,并结合不同地区的发展实际,本书提出以下政策建议。

(1) 扩宽金融渠道,降低创新型中小型企业的融资成本。为解决创新型中小型企业融资难问题,政府可以从资本市场融资及银行融资两方面入手。一方面,政府应健全相关法律,并出台相关政策大力引导资金进入私募资本市场,缓解非国有制创新型企业融资难的现状。政府也可以加速推进证券化过程,证券化的融资方式可以使上市公司的物权及资金转换为有价的证券,很大程度上方便了公司吸收投资。另一方面,政府可以从宏观角度来建立中小型企业的集合融资模式,鼓励企业多发行集合融资工具,优化创新型企业的融资环境,而针对银行服务体系存在的问题,比如信用担保系统存在漏洞、商业银行科技贷款风险与收益不相匹配、科技保险市场发展较慢等,政府应进一步推进金融服务体系与市场化结合,建立多元化的资本市场体系,从多个角度为科技创新型中小企业提供金融支撑。以中西部地区为例,尤其是西部地区的战略性新兴产业上市公司数量较少,主板市场无法为多数企业提供有效融资途径,企业可以借助信托基金进行投资,通过信托基金进行融资,降低了企业对银行贷款的依赖程度,减少了企业金融风险发生的可能性。

(2) 完善资本市场的市场化运行机制,构建多元化的市场体系。为增强市场配置金融资源的主导性,推动战略性新兴产业发展,一方面,政府应改进金融支持体制,确立战略性新兴产业企业的投资主体地位,在一定程度上放开准入限制,创造较为宽松的条件,促使民间资本的涌入。同时,政府也应当完善资本市场监管机制,严格执行信息披露制度和约束机制,减少信息不对称引起的资本错配,推动资本市场向有效市场目标发展,只有市场化运行的资本市场才能让金融资源流向效率更高的企业。市场利用优胜劣汰的竞争机制,淘汰了竞争力低的企业,促使优秀企业进入资本市场,获得更多的金融支持。另一方面,金融业自身也要加强信息化建设,合理地利用互联网数据平台,通过数据分析对金融产品进行精准定位,减少金融投资的无效性,以此来提升资本的配置效率。此外,在面对不同产业时,应针对不同产业的特征提供差异性的金融支持。比如,对于新能源汽车、新能源产业等技术型新兴产业,需要地方政府积极发挥资金引导作用,而对于信息技术产业等具有高风险特征的产业,企业融资初期需要以风险基金为主[197]。

(3)加强区域交流合作,促进规模效应及扩散效应的形成。为增强高新区集聚的外部规模效应,扩大集聚中心的辐射范围,提高技术集聚程度,一方面,各地区内部应加快高技术产业聚集区的建设进程,通过提高各地区高技术产业聚集度,促进资金、人员及技术的高度集中,进而促进技术创新效率的提高。中西部地区可以结合自身经济基础、工业建设基础、区位特点等建设具有自身特色的战略性新兴产业聚集区,发挥地域优势,打造特色创新型产业[191]。另一方面,由于东部地区战略性新兴产业的聚集度及技术创新效率明显高于其他地区,为了加快各地区间的人才、信息及技术的交流,缩小不同区域间创新效率的落差,政府应出台相关优惠政策来吸引东部地区的企业往中部或西部转移,引导战略性新兴产业的跨区域迁移,加快对中部和西部地区的知识、人才及技术渗透,防止区域间的技术创新效率差距进一步扩大,使东中西区域的战略性新兴产业分布更合理、发展更均衡。此外,还应充分考虑不同地区政府的偏好差异,加大对各地政府补贴资金使用的监管力度,促使效率的提高。

(4)加大财政科技投入规模,根据不同地区不同行业的发展实情调整财政科技支出结构。财政的技术支出不只是为研发主体提供资金支持,还为战略性新兴产业指明了国家未来一定时间内的发展重点及支持方向,对事关国家发展战略的重要技术给予资金倾斜,引导相关企业或高校调整研究方向,将研究重心调整到重点领域,加速创新进程。对于基础较为薄弱的中、西部地区,地方政府应加大对产业技术的基础研究及应用领域的财政资金的支持,尤其是能够产生较大经济效益的领域,加快技术产出转化为资金的速度,加速资本积累,激励战略性新兴产业技术创新的迅速发展。另外,由于我国相关补贴标准尚未成熟,政策制定还有较大的不稳定性,被补贴企业很难充分利用研发资金,对政府补贴较低的使用效率,导致企业研发结果与国家补贴初心相去甚远[193]。因此,政府应对补贴资金加强监管监督,对企业所获补贴加强追踪,确保补贴得到了合理运用。政府也可以提高政府补贴的获取门槛,提高对企业技术创新数量及质量的要求,对于创新能力较强的企业,给予更多的补贴以鼓励创新。

  如果政府提供过多的资金支持,技术创新的挤出效应就会产生,将严重阻碍企业积极投入研发资金,造成技术创新效率的降低。因此,各地政府应结合当地产业发展的实际情况,针对不同产业制定适当的补贴区间,尤其是在发展较迅速的东部地区,政府应当适度减少对相关产业的干预。另外,我国关于战略性新兴产业的政府补贴政策较为单一,比如新能源汽车的补贴政策多集中于销售方面,而新能源汽车产业的上下游则缺少详细合适的补贴政策。因此政府应当扩大补贴范围,不仅要针对某一环节进行补贴,对整个产业的上下游或产业配套设施也应当给予适度补贴。

附录 战略性新兴产业统计口径

战略性新兴产业	依据国民经济行业分类(2011)
节能环保产业	C26 化学原料和化学制品制造业 C35 专用设备制造业 C42 废弃资源综合利用业 C46 水的生产和供应业
新一代信息技术产业	C39 计算机、通信和其他电子设备制造业
生物产业	C26 化学原料和化学制品制造业 C27 医药制造业
高端装备制造业	C34 通用设备制造业 C35 专用设备制造业 C37 铁路、船舶、航空航天和其他运输设备制造业 C38 电气机械和器材制造业 C40 仪器仪表制造业
新能源产业	D44 电力、热力生产和供应业
新材料产业	C26 化学原料和化学制品制造业 C30 非金属矿物制品业 C32 有色金属冶炼和压延加工业
新能源汽车产业	C36 汽车制造业

注:依据国家统计局《战略性新兴产业分类(2012)》整理。

参考文献

[1] 沃尔特·白芝浩. 英国宪法[M]. 夏彦才,译. 北京:商务印书馆,2005.

[2] FISMAN R,LOVE I. Financial Development and the Composition of Industrial Growth[J]. World Bank,Development Research Group,Finance,2003(3):33.

[3] AVNIMELECH Y,TROEGER B W,REED L W. Mutual flocculation of algae and clay:evidence and implications[J]. Science,1982,216(4541):63-65.

[4] ANDERSEN S,NIELSEN K M. Ability or finances as constraints on entrepreneurship? Evidence from survival rates in a natural experiment[J]. The Review of Financial Studies,2012(25):3684-3710.

[5] BECK T,DEGRYSE H,KNEER C. Is more finance better? Disentangling intermediation and size effects of financial systems[J]. Journal of Financial Stability,2014,10:50-64.

[6] ACHARYA V,XU Z X. Financial dependence and innovation:the case of public versus private firms[J]. Journal of Financial Economics,2017,124(2):223-243.

[7] POPOV A,ROOSENBOOM P. Venture capital and new business creation[J]. Journal of Banking & Finance,2013,37(12):4695-4710.

[8] RIOJA F,VALEV N. Does one size fit all? A reexamination of the finance and growth relationship[J]. Journal of Development Economics,2004,74(2):429-447.

[9] 黄建康,赵宗瑜,施佳敏,等. 江苏省战略性新兴产业发展的金融支持研究:基于上市公司的实证分析[J]. 科技管理研究,2016,

36(2):95-100.

[10] 李亚波.战略性新兴产业企业生命周期不同阶段金融支持研究[J].工业技术经济,2018,37(5):3-10.

[11] 王竞,胡立君.金融支持对战略性新兴产业发展的影响研究:来自湖北省上市公司的证据[J].湖北社会科学,2019(1):56-61.

[12] 谭中明,童婕,盛竹筠.金融支持战略性新兴产业发展效率实证分析:基于苏浙沪105家上市公司的数据[J].武汉金融,2015(12):38-41.

[13] 赵滨元.融资方式、企业性质对融资效率的影响:基于我国新能源产业的实证研究[J].商业经济研究,2016(17):180-182.

[14] 蒋静芳.战略性新兴产业的金融支持效应研究[D].北京:首都经济贸易大学,2017.

[15] 阚景阳.战略性新兴产业发展的金融支持政策研究[J].经济研究参考,2017(34):83-88.

[16] 刘洪昌,刘洪."一带一路"背景下战略性新兴产业突破性创新发展路径研究:以连云港市为例[J].改革与战略,2018,34(5):93-98.

[17] 马军伟,王剑华."走出去"战略下的战略性新兴产业金融支持研究[J].商业经济研究,2018(9):167-169.

[18] 王雪辰."一带一路"背景下科技金融支撑战略性新兴产业发展研究[J].经济研究导刊,2019(18):85-89.

[19] 杨小玄.金融支持战略性新兴产业发展研究:基于空间计量模型[J].河北金融,2019(3):42-46.

[20] 刘力昌,冯根福,张道宏,等.基于DEA的上市公司股权融资效率评价[J].系统工程,2004,22(1):55-59.

[21] 庞瑞芝,张艳,薛伟.中国上市银行经营效率的影响因素:基于Tobit回归模型的二阶段分析[J].金融论坛,2007,12(10):29-35.

[22] 熊正德,林雪.战略性新兴产业上市公司金融支持效率及其影响因素研究[J].经济管理,2010,32(11):26-33.

[23] 韩雪莲,谢理,赵文霞.战略性新兴产业中的企业进入、时

机与绩效:基于180家上市公司的实证分析[J].财经问题研究,2011(4):45-52.

[24] 毛泽盛,王红棉.江苏省战略性新兴产业发展的金融支持分析[J].科技与经济,2012,25(1):82-85.

[25] 刘建民,吴飞,吴金光.湖南战略性新兴产业发展的金融支持研究[J].湖南大学学报(社会科学版),2012,26(6):67-72.

[26] 马军伟.我国金融支持战略性新兴产业的效率测度[J].统计与决策,2014(5):153-155.

[27] 黄海霞,张治河.中国战略性新兴产业的技术创新效率:基于DEA-Malmquist指数模型[J].技术经济,2015,34(1):21-27,68.

[28] 张明龙.基于Bootstrap-DEA方法的重庆金融支持战略性新兴产业效率研究[J].海南金融,2016(1):23-28,38.

[29] 李晓梅.中国战略性新兴产业企业投入产出效率测度研究:基于2008—2016年环渤海、长三角和珠三角30家上市企业的样本数据[J].当代经济管理,2019,41(2):23-30.

[30] AIGNER D,LOVELL C A,SCHMIDT P. Formulation and estimation of stochastic frontier production function models[J]. Journal of Econometrics,1977,6(1):21-37.

[31] BATTESE G E,CORRA G S. Estimation of a production frontier model:with application to the pastoral zone of eastern Australia[J]. Australian Journal of Agricultural Economics,1977,21(3):169-179.

[32] WANG E C. R&D efficiency and economic performance: a cross-country analysis using the stochastic frontier approach[J]. Journal of Policy Modeling,2007,29(2):345-360.

[33] HE F,CHEN R. Innovation,firm efficiency and firm value: firm-level evidence in Japanese electricity machinery industry[C]//2007 International Conference on Wireless Communications, Networking and Mobile Computing. September 21 - 25, 2007,

Shanghai,IEEE,2007:4217-4220.

[34] HU J L,YANG C H,CHEN C P. R&D efficiency and the national innovation system:an international comparison using the distance function approach[J]. Bulletin of Economic Research, 2014,66(1):55-71.

[35] GLASS A J,KENJEGALIEVA K,SICKLES R C. A spatial autoregressive stochastic frontier model for panel data with asymmetric efficiency spillovers[J]. Journal of Econometrics,2016, 190(2):289-300.

[36] CHARNES A,COOPER W W,RHODES E. Measuring the efficiency of decision making units[J]. European Journal of Operational Research,1978,2(6):429-444.

[37] LEE H Y,PARK Y T. An international comparison of R&D efficiency:DEA approach[J]. Asian Journal of Technology Innovation,2005,13(2):207-222.

[38] HASHIMOTO A,HANEDA S. Measuring the change in R&D efficiency of the Japanese pharmaceutical industry[J]. Research Policy,2008,37(10):1829-1836.

[39] RAAB R A,KOTAMRAJU P. The efficiency of the hightech economy:conventional development indexes versus a performance index[J]. Journal of Regional Science,2006, 46(3):545-562.

[40] KAO C,HWANG S N. Efficiency decomposition in two-stage data envelopment analysis:an application to non-life insurance companies in Taiwan[J]. European Journal of Operational Research,2008,185(1):418-429.

[41] WANG E C,HUANG W. Relative efficiency of R&D activities:a cross-country study accounting for environmental factors in the DEA approach[J]. Research Policy,2007,36(2):260-273.

[42] Liu Z Y,Xia Y M. Innovation efficiency and impact fac-

tors of China's strategic emerging industries[J]. Journal of Emerging Trends in Economics and Management Sciences,2012,3(5):547-552

[43] DESPOTIS D K,SOTIROS D,KORONAKOS G. A network DEA approach for series multi-stage processes[J]. Omega,2016,61:35-48.

[44] WANG Y,PAN J F,PEI R M,et al. Assessing the technological innovation efficiency of China's high-tech industries with a two-stage network DEA approach[J]. Socio-Economic Planning Sciences,2020,71:100810.

[45] 朱有为,徐康宁.中国高技术产业研发效率的实证研究[J].中国工业经济,2006(11):38-45.

[46] 肖兴志,谢理.中国战略性新兴产业创新效率的实证分析[J].经济管理,2011,33(11):26-35.

[47] 吕岩威,孙慧.中国战略性新兴产业技术效率及其影响因素研究[J].数量经济技术经济研究,2014,31(1):128-143.

[48] 韩兆洲,操咏慧.我国区域创新效率测度及收敛性研究[J].数学的实践与认识,2019,49(17):63-76.

[49] 陈敬明,李志红,席增雷,等.京津冀地区科技创新激励政策比较与建议[J].宏观经济管理,2017(12):69-75.

[50] 肖仁桥,钱丽,陈忠卫.中国高技术产业创新效率及其影响因素研究[J].管理科学,2012,25(5):85-98.

[51] 刘晖,刘轶芳,乔晗,等.我国战略性新兴产业技术创新效率研究[J].系统工程理论与实践,2015,35(9):2296-2303.

[52] 周申蓓,张俊.基于超效率DEA模型的企业技术创新项目绩效评价研究[J].项目管理技术,2014,12(5):86-89.

[53] 白俊红,蒋伏心.协同创新、空间关联与区域创新绩效[J].经济研究,2015,50(7):174-187.

[54] 肖仁桥,王宗军,钱丽.我国不同性质企业技术创新效率及

其影响因素研究:基于两阶段价值链的视角[J].管理工程学报,2015,29(2):190-201.

[55] 王惠,王树乔,苗壮,等.研发投入对绿色创新效率的异质门槛效应:基于中国高技术产业的经验研究[J].科研管理,2016,37(2):63-71.

[56] 刘满凤,李圣宏.基于三阶段DEA模型的我国高新技术开发区创新效率研究[J].管理评论,2016,28(1):42-52,155.

[57] 刁秀华,李姣姣,李宇.高技术产业的企业规模质量、技术创新效率及区域差异的门槛效应[J].中国软科学,2018(11):184-192.

[58] 罗颖,罗传建,彭甲超.基于三阶段DEA的长江经济带创新效率测算及其时空分异特征[J].管理学报,2019,16(9):1385-1393.

[59] CAMERON G. Innovation and Growth: a survey of the empirical evidence[R]. Nuffield College, Oxford University, Oxford, 1998.

[60] AGHION P, HOWITT P. Endogenous growth theory[M]. Cambridge, MA: MIT Press, 1998.

[61] SOOSAY C A. An empirical study of individual competencies in distribution centres to enable continuous innovation[J]. Creativity and Innovation Management, 2005, 14(3): 299-310.

[62] FRITSCH M, SLAVTCHEV V. What determines the efficiency of regional innovation systems? [J]. Jena Economic Research Papers, 2007.

[63] KIM C S, INKPEN A C. Cross-border R&D alliances, absorptive capacity and technology learning[J]. Journal of International Management, 2005, 11(3): 313-329.

[64] GRIFFITH R, REDDING S, REENEN J V. Mapping the two faces of R&D: productivity growth in a panel of OECD industries[J]. The Review of Economics and Statistics, 2004, 86(4): 883-895.

[65] SIVAK R,CAPLANOVA A,HUDSON J. The impact of governance and infrastructure on innovation[J]. Post-Communist Economies,2011,23(2):203-217.

[66] FU X L. How does openness affect the importance of incentives for innovation? [J]. Research Policy,2012,41(3):512-523.

[67] PUŠKÁROVÁ P,PIRIBAUER P. The impact of knowledge spillovers on total factor productivity revisited:new evidence from selected European capital regions[J]. Economic Systems,2016,40(3):335-344.

[68] 郭丽凤. 辽宁高端装备制造业技术创新的影响因素与对策研究[D]. 沈阳:沈阳工业大学,2012.

[69] 陈旭升,钟云. 高端装备制造业市场绩效影响研究[J]. 工业技术经济,2013,32(6):25-32.

[70] 黄振文. 福建高端装备制造业技术创新效率的影响因素研究[D]. 福州:福州大学,2014.

[71] 吴雷. 高端装备制造业创新绩效评价研究[J]. 科技管理研究,2015,35(15):51-56.

[72] 陈劲. 如何进一步提升中国企业创新能力?[J]. 科学学研究,2012,30(12):1762-1763.

[73] 唐忠南. 我国高端装备制造业企业自主创新能力的研究[D]. 上海:上海工程技术大学,2014.

[74] 王钺,白俊红. 资本流动与区域创新的动态空间收敛[J]. 管理学报,2016,13(9):1374-1382.

[75] 齐齐,赵树宽,李其荣. 战略性新兴产业企业创新效率评价研究:以东北地区为例[J]. 中国流通经济,2017,31(10):65-72.

[76] 牛雄鹰,李春浩,张芮. 国际人才流入、人力资本对创新效率的影响:基于随机前沿模型的研究[J]. 人口与经济,2018(6):12-22.

[77] 李晓龙,冉光和. 中国金融抑制、资本扭曲与技术创新效率[J]. 经济科学,2018(2):60-74.

参考文献

[78] 李娜,裴旭东,李随成,等.学习敏捷性对企业集成供应商创新性的影响[J].软科学,2019,33(4):57-61.

[79] 朱琳,伊志宏.资本市场对外开放能够促进企业创新吗？基于"沪港通"交易制度的经验证据[J].经济管理,2020,42(2):40-57.

[80] 张立杰,梁锦凯.我国丝绸之路经济带沿线省(市、区)高技术产业创新效率研究：基于DEA-Malmquist-Tobit方法[J].科技进步与对策,2019,36(13):68-75.

[81] 黄海涛,夏赟.工业企业技术创新效率测度与影响因素分析：基于新疆14个地州市的SU-DEA-Tobit模型分析[J].新疆农垦经济,2019(12):83-91.

[82] 牛秀红,刘海滨,周佳宁.西部典型城市创新效率测算及影响因素路径分析[J].中国科技论坛,2019(4):111-123.

[83] LEVINE R. Financial development and economic growth: views and agenda[J]. Journal of Economic Literature, 1997,35(2):688-726.

[84] MEIERRIEKS D. Financial development and innovation: is there evidence of a schumpeterian finance-innovation nexus? [J]. Annals of Economics and Finance,2014,15(2):343-363.

[85] CHOWDHURY R H, MAUNG M. Financial market development and the effectiveness of R&D investment: evidence from developed and emerging countries[J]. Research in International Business and Finance,2012,26(2):258-272.

[86] HSU P H, TIAN X, XU Y. Financial development and innovation: cross-country evidence[J]. Journal of Financial Economics,2014,112(1):116-135.

[87] SCHINDLER J. FinTech and financial innovation: drivers and depth[C]// Finance and Economics Discussion Series 2017-081,2017, Washington: Board of Governors of the Federal Roserve System.

[88] 孙伍琴,王培.中国金融发展促进技术创新研究[J].管理世界,2013(6):172-173.

[89] 王淑娟,叶蜀君,解方圆.金融发展、金融创新与高新技术企业自主创新能力:基于中国省际面板数据的实证分析[J].软科学,2018,32(3):10-15.

[90] 崔庆安,王文坡,张水娟.金融深化、产业结构升级与技术创新:基于空间杜宾模型的实证分析[J].工业技术经济,2018,37(2):42-50.

[91] 聂高辉,邱洋冬,龙文琪.非正规金融、技术创新与产业结构升级[J].科学学研究,2018,36(8):1404-1413.

[92] 孙俊杰,彭飞.金融发展、研发投入对民营企业融资能力影响的实证检验[J].统计与决策,2019,35(5):185-188.

[93] 徐晓舟,阮珂.产业结构、金融发展与省域创新绩效[J].科研管理,2016,37(4):53-60.

[94] 王鸾凤,姜概.创新差异下的金融发展模式对技术创新的影响[J].当代经济,2018(16):64-66.

[95] JAFFEE D M, RUSSELL T. Imperfect information, uncertainty, and credit rationing[J]. The Quarterly Journal of Economics, 1976, 90(4):651-666.

[96] XIN F, ZHANG J, ZHENG W P. Does credit market impede innovation? Based on the banking structure analysis[J]. International Review of Economics & Finance, 2017, 52(6):268-288.

[97] KIM S, LEE H, KIM J. Divergent effects of external financing on technology innovation activity: Korean evidence[J]. Technological Forecasting and Social Change, 2016, 106:22-30.

[98] 张一林,龚强,荣昭.技术创新、股权融资与金融结构转型[J].管理世界,2016(11):65-80.

[99] 钟腾,汪昌云.金融发展与企业创新产出:基于不同融资模式对比视角[J].金融研究,2017(12):127-142.

[100] 张杰.中国金融体系偏向性发展的典型特征、错配效应与重构路径[J].探索与争鸣,2018(1):91-99,143.

[101] JENSEN M C,MECKLING W H. Theory of the firm: managerial behavior, agency costs and ownership structure[J]. Journal of Financial Economics,1976,3(4):305-360.

[102] KOGA T. R&D subsidy and self-financed R&D: the case of Japanese high-technology start-ups[J]. Small Business Economics,2005,24(1):53-62.

[103] BROWN J R,FAZZARI S M,PETERSEN B C. Financing innovation and growth: cash flow, external equity, and the 1990s R&D boom[J]. The Journal of Finance,2009,64(1):151-185.

[104] BOUGHEAS S. Internal vs external financing of R&D[J]. Small Business Economics,2004,22(1):11-17.

[105] NANDA R,NICHOLAS T. Did bank distress stifle innovation during the Great Depression? [J]. Journal of Financial Economics,2014,114(2):273-292.

[106] WESTKÄMPER E,OSTEN-SACKEN D V D. Product life cycle costing applied to manufacturing systems[J]. CIRP Annals,1998,47(1):353-356.

[107] RIZOV M. Corporate capital structure and how soft budget constraints may affect it[J]. Journal of Economic Surveys,2008,22(4):648-684.

[108] COLOMBO M G,GRILLI L. Funding gaps? access to bank loans by high-tech start-ups[J]. Small Business Economics,2007,29(1):25-46.

[109] 王会龙,李仁宇.浙江财政科技支出、人力资本与科技创新关系实证研究[J].改革与战略,2013,29(2):92-95.

[110] 顾海峰.战略性新兴产业发展的金融支持体系及其政策设计[J].现代财经(天津财经大学学报),2011,31(9):76-83.

[111] 徐玉莲,王宏起.科技金融对技术创新的支持作用:基于Bootstrap方法的实证分析[J].科技进步与对策,2012,29(3):1-4.

[112] 熊广勤,罗方珍.金融支持战略性新兴产业发展的现状及其作用机制研究[J].商业经济,2012(3):3-4,37.

[113] 杨丽.中国战略性新兴产业现状与发展因素实证研究[D].天津:天津师范大学,2015.

[114] 贺立.中国战略性新兴产业的融资效率研究[D].长沙:湖南大学,2013.

[115] 王洁.我国战略性新兴产业成长的金融支持研究[D].蚌埠:安徽财经大学,2012.

[116] SCHUMPETER J A. The Theory of Economic Development[M]. Cambridge:Harvard University Press,1934.

[117] ROSTOW W W. The stages of economic growth:a non-communist manifesto [M]. Cambridge:Cambridge University Press,1960.

[118] FARRELL M J. The Measurement of Productive Efficiency[J]. Journal of the Royal Statistical Society,1957,120(3):253-290.

[119] 池仁勇,虞晓芬,李正卫.我国东西部地区技术创新效率差异及其原因分析[J].中国软科学,2004(8):127-131.

[120] 杜丽,苗成林. R&D 投入对区域技术创新绩效的影响作用关系——基于东部地区面板数据的实证分析[J].安徽理工大学学报(社会科学版),2015,17(4):36-40.

[121] 邓金堂,李进兵.我国区域产业创新研究演进与展望[J].软科学,2011,25(4):19-22.

[122] 程高卫.战略性新兴产业金融支持效率研究[D].南昌:华东交通大学,2014.

[123] MCKINNON R I. Money and capital in economic development[M]. Washington D.C.:Brookings Institution,1973.

[124] SHAW E S. Financial deepening in economic development[M]. New York, Oxford University Press, 1973.

[125] 马军伟. 我国七大战略性新兴产业的金融支持效率差异及其影响因素研究:基于上市公司的经验证据[J]. 经济体制改革, 2013(3):133-137.

[126] BROWN J R, FAZZARI S M, PETERSEN B C. Financing innovation and growth: cash flow, external equity, and the 1990s R&D Boom[J]. Journal of Finance, 2009, 64(1):151-185.

[127] KHANNA T, PALEPU K G. Why focused strategies may be wrong for emerging markets. [J]. Harvard Business Review, 1997, 75:41-45.

[128] 周波. 柠檬市场治理机制研究述评[J]. 经济学动态, 2010(3):131-135.

[129] 白钦先, 谭庆华. 论金融功能演进与金融发展[J]. 金融研究, 2006(7):41-52.

[130] 张国富. 中国资本配置效率及其影响因素研究[D]. 大连:东北财经大学, 2011.

[131] 刘传. 中国数字经济发展现状及问题研究[J]. 科技与经济, 2020, 33(5):81-85.

[132] 张杰. 后危机时代我国私募股权基金发展问题研究[D]. 天津:天津财经大学, 2011.

[133] 郐志坚, 赵卫敏. Solar City 融资模式对我国分布式光伏发电产业的启示[J]. 金融发展评论, 2018(6):29-36.

[134] 万哨凯, 宋晓丹. 江西省金融支持战略性新兴产业发展的途径研究:基于国际经验及启示[J]. 经济研究导刊, 2019(32):23-25.

[135] 俞岚. 绿色金融发展与创新研究[J]. 经济问题, 2016(1):78-81.

[136] 胡海峰, 胡吉亚. 美日德战略性新兴产业融资机制比较分析及对中国的启示[J]. 经济理论与经济管理, 2011(8):62-74.

[137] 吴星,郇志坚,张舒媛.美国风电行业融资模式及对我国的启示[J].金融发展评论,2018(12):18-28.

[138] 李美洲,胥爱欢,邓伟平.美国州政府支持绿色金融发展的主要做法及对我国的启示[J].西南金融,2017(3):10-13.

[139] 秦德新.科技金融创新支持战略新兴产业的模式比较[J].市场论坛,2019(3):5-6,19.

[140] 姜棱炜.战略性新兴产业初期融资模式及其效率评价[D].武汉:武汉大学,2013.

[141] 刘慧.促进战略性新兴产业发展的金融支持研究[D].济南:山东大学,2014.

[142] 刘建华,马瑞俊迪,姜照华.基于"结构—动力—绩效"视角的战略性新兴产业协同创新:以日本新能源汽车产业为例[J].科技进步与对策,2020,37(9):96-104.

[143] 张钟允,李春利.日本新能源汽车的相关政策与未来发展路径选择[J].现代日本经济,2015(5):71-86.

[144] 田鑫.论功能性产业政策的目标和政策工具:基于日本新能源汽车产业的案例分析[J].科学学与科学技术管理,2020,41(3):17-31.

[145] 陈一稀,王紫薇,齐结斌.德国中小微企业融资支持[J].中国金融,2020(1):81-84.

[146] KFW Group. KFW annual report 2017[ER/OL]. https://www.kfw-ipex-bank.de/pdf/Press/Download-center/2018-04-16-Kfw-IPEX-Bank-Gesch%C3%A4ftsbericht-2017.pdf.

[147] 吴琪,任瀚达,于杰民.德国复兴信贷银行的小微金融[J].中国金融,2020(5):87-88.

[148] 农发行赴德国专题研修班课题组.德国绿色发展与价值链融资借鉴[J].农业发展与金融,2020(2):61-63.

[149] 王新新.战略性新兴产业发展的三大创新推进策略研究[J].科技进步与对策,2012,29(17):51-55.

[150] 李志学,吴硕锋,雷理钊. 我国新能源产业价格补贴政策现状、问题与对策分析[J]. 价格月刊,2018(12):1-7.

[151] 曹江宁. 德国发展战略性新兴产业的经验及启示[J]. 经济研究导刊,2019(16):175-178.

[152] 熊正德,詹斌,林雪. 基于 DEA 和 Logit 模型的战略性新兴产业金融支持效率[J]. 系统工程,2011,29(6):35-41.

[153] 石璋铭. 战略性新兴产业发展的金融支持机制研究:基于金融发展的视角[D]. 武汉:武汉理工大学,2014.

[154] 张建. 风险投资与高技术产业互动发展的实证研究[D]. 石家庄:石家庄经济学院,2011.

[155] 李萌,王安琪. 经济新常态下战略性新兴产业金融支持效率评价与分析[J]. 经济问题探索,2016(5):83-87.

[156] 李小静,孙文生. 政府干预、所有权与战略性新兴产业自主创新效率研究[J]. 河北经贸大学学报,2016,37(3):89-95.

[157] KOLYMPIRIS C, KALAITZANDONAKES N, MILLER D. Spatial collocation and venture capital in the US biotechnology industry[J]. Research Policy,2011,40(9):1188-1199.

[158] 张建华,杨小豪. 政府干预、金融错配与企业创新:基于制造业上市公司的研究[J]. 工业技术经济,2018,37(9):11-20.

[159] 曹源芳,袁秀文,张景菲. 强监管下金融错配风险趋于收敛了吗?基于互联网金融发展的视角[J]. 经济问题,2019(10):39-47,129.

[160] 周黎安,赵鹰妍,李力雄. 资源错配与政治周期[J]. 金融研究,2013(3):15-29.

[161] 李扬. "金融服务实体经济"辨[J]. 经济研究,2017,52(6):4-16.

[162] CONNOLLY R A, HIRSCH B T, HIRSCHEY M. Union rent seeking, intangible capital, and market value of the firm[J]. The Review of Economics and Statistics,1986,68(4):567-577.

[163] MURPHY K M,SHLEIFER A,VISHNY R W. Why is rent-seeking so costly to growth？[J]. American Economic Review，1993,83(2):409-414.

[164] 余婧,罗杰.中国金融资源错配的微观机制:基于工业企业商业信贷的经验研究[J].复旦学报(社会科学版),2012,54(1):19-27.

[165] 何珮珺,张巧良.市场结构视角下横向并购对企业创新能力的影响:来自战略性新兴产业的证据[J].财会通讯,2019(5):21-26.

[166] CORNAGGIA J,MAO Y F,TIAN X,et al. Does banking competition affect innovation？[J]. Journal of Financial Economics,2015,115(1):189-209.

[167] 马嫣然,蔡建峰,王淼.风险投资背景、持股比例对初创企业技术创新产出的影响:研发投入的中介效应[J].科技进步与对策,2018,35(15):1-8.

[168] 鲁晓东.金融资源错配阻碍了中国的经济增长吗[J].金融研究,2008(4):55-68.

[169] 聂辉华,贾瑞雪.中国制造业企业生产率与资源误置[J].世界经济,2011,34(7):27-42.

[170] 邵挺.金融错配、所有制结构与资本回报率:来自1999—2007年我国工业企业的研究[J].金融研究,2010(9):51-68.

[171] 王宛秋,马红君.技术并购主体特征、研发投入与并购创新绩效[J].科学学研究,2016,34(8):1203-1210.

[172] 温源.金融错配与研发投资对企业绩效影响研究[D].大连:大连理工大学,2014.

[173] 王静.私募股权投资与企业技术创新:来自创业板制造业的经验证据[J].科技管理研究,2017,37(14):173-179.

[174] 蔺鹏,孟娜娜.政府R&D经费投入与科技型中小企业技术创新效率:基于河北省新三板上市企业的经验证据[J].科技管理研究,2018,38(6):150-156.

[175] 戴浩,柳剑平.政府补助对科技中小型企业成长的影响机

理:技术创新投入的中介作用与市场环境的调节作用[J].科技进步与对策,2018,35(23):137-145.

[176] 白俊红.企业规模、市场结构与创新效率:来自高技术产业的经验证据[J].中国经济问题,2011(5):65-78.

[177] CZARNITZKI D, HUSSINGER K. The link between R&D subsidies, R&D spending and technological performance[R]. ZEW Working Paper,2004:4-56.

[178] 解维敏,唐清泉,陆姗姗.政府R&D资助,企业R&D支出与自主创新:来自中国上市公司的经验证据[J].金融研究,2009(6):86-99.

[179] 靳来群.所有制歧视下金融资源错配的两条途径[J].经济与管理研究,2015,36(7):36-43.

[180] 白俊红.中国的政府R&D资助有效吗?来自大中型工业企业的经验证据[J].经济学(季刊),2011,10(4):1375-1400.

[181] 吴延兵.国有企业双重效率损失研究[J].经济研究,2012,47(3):15-27.

[182] 颜爱民,李歌.企业社会责任对员工行为的跨层分析:外部荣誉感和组织支持感的中介作用[J].管理评论,2016,28(1):121-129.

[183] 戴魁早,刘友金.要素市场扭曲、区域差异与R&D投入:来自中国高技术产业与门槛模型的经验证据[J].数量经济技术经济研究,2015,32(9):3-20.

[184] ALMUS M, CZARNITZKI D. The effects of public R&D subsidies on firms' innovation activities[J]. Journal of Business & Economic Statistics,2003,21(2):226-236.

[185] BOEING P. The allocation and effectiveness of China's R&D subsidies: evidence from listed firms[J]. Research Policy, 2016,45(9):1774-1789.

[186] COMANOR W S, LEIBENSTEIN H. Allocative efficiency, X-efficiency and the measurement of welfare losses[J]. Eco-

nomica,1969,36(143):304-309.

[187] 陈少晖.科技投入的财政定位:理论阐释与实证分析[J].当代经济研究,2010(7):62-67.

[188] 余泳泽.我国高技术产业技术创新效率及其影响因素研究:基于价值链视角下的两阶段分析[J].经济科学,2009(4):62-74.

[189] 杨浩昌,李廉水,刘军.高技术产业聚集对技术创新的影响及区域比较[J].科学学研究,2016,34(2):212-219.

[190] GLASER B G,STRAUSS A L. The discovery of grounded theory:strategies for qualitative research[M]. Chicago:Aldine Pub. Co,1967.

[191] 韩庆潇,查华超,杨晨.中国制造业集聚对创新效率影响的实证研究:基于动态面板数据的GMM估计[J].财经论丛,2015(4):3-10.

[192] 邹文杰.研发要素集聚、投入强度与研发效率:基于空间异质性的视角[J].科学学研究,2015,33(3):390-397.

[193] EASTERLY W. How much do distortions affect growth?[J]. Journal of Monetary Economics,1993,32(2):187-212.

[194] 吴玉鸣.外商直接投资与环境规制关联机制的面板数据分析[J].经济地理,2007(1):11-14.

[195] 李健,辛冲冲.外商直接投资的经济增长效应及区域异质性特征[J].城市问题,2020(4):51-61.

[196] 曲晨瑶,李廉水,程中华.高技术产业聚集对技术创新效率的影响及区域差异[J].科技管理研究,2017,37(11):98-104.

[197] 陈小荣,韩景旺,任爱华,等.战略性新兴产业的金融支持效率研究:来自京津冀区域237家上市公司的实证[J].金融与经济,2020(5):81-88.